CB141953

J. A. DIAS LOPES

BACALHAU!

AS MELHORES RECEITAS E SUAS HISTÓRIAS

MELHORAMENTOS

Dados Internacionais de Catalogação na Publicação (CIP)
(Câmara Brasileira do Livro, SP, Brasil)

Lopes, J. A. Dias
Bacalhau!: as melhores receitas e suas histórias / J. A. Dias Lopes. – São Paulo: Editora Melhoramentos, 2019.

Vários colaboradores
ISBN 978-85-06-08705-3

1. Bacalhau (Culinária) 2. Gastronomia 3. Receitas culinárias I. Título.

19–28416 CDD–641.692

Índice para catálogo sistemático:
1. Bacalhau: Receitas: Culinárias 641.692

Maria Paula C. Riyuzo – Bibliotecária – CRB–8/7639

Obra conforme o Acordo Ortográfico da Língua Portuguesa

© J. A. Dias Lopes

© 2019 Editora Melhoramentos Ltda.
Todos os direitos reservados.

Projeto gráfico, diagramação e iconografia: **Ken Tanaka**
Produção de receitas: **Andréa González**
Fotografias: **Reinaldo Mandacaru**
Produção de fotografias: **Thais Mandacaru**
Capa: **Bacalhau à Mia por Patrícia Sampaio Bettencourt**

Crédito das imagens:
P. 22 Arquivo Nacional: R_RJANRIO_PH_0_FOT_16109_050.pdf
P. 27 Arquivo Nacional: OR_1909_v3_pl09

1.ª edição, agosto de 2019
ISBN 978-85-06-08705-3

Atendimento ao consumidor:
Caixa Postal 729 – CEP 01031-970
São Paulo – SP – Brasil
Tel.: (11) 3874-0880
sac@melhoramentos.com.br
www.editoramelhoramentos.com.br

Impresso no Brasil

CÓPIA NÃO AUTORIZADA É CRIME
ABDR
ASSOCIAÇÃO BRASILEIRA DE DIREITOS REPROGRÁFICOS
RESPEITE O DIREITO AUTORAL

À memória de ARMANDO SOARES DOS REIS
e MANUEL AUGUSTO GARCIA, dois queridos amigos portugueses com
os quais dividi muitos pratos de bacalhau regados de vinhos memoráveis.

ANTEPASTO

Este livro não é um tratado sobre o bacalhau, até porque contém apenas doze capítulos e dezessete receitas sobre o polivalente peixe salgado e desidratado vindo do Círculo Polar Ártico. Qual seu gênero, então? Trata-se de um caderno de cozinha mais substancioso, com histórias e preparos dos bacalhaus favoritos do autor.

Daí estar recheado de capítulos que são, na verdade, crônicas destinadas à informação e ao deleite do leitor, ao aguçamento do apetite de quem acha normal programar o jantar ainda na mesa do almoço, às suas incursões prazerosas ao forno e fogão. Acreditamos ser difícil encontrar alguém que não sinta água na boca ao folhear as páginas deste livro. Bem-aventurados os apreciadores de bacalhau!

J. A. Dias Lopes

SUMÁRIO

RECEITAS E SUAS HISTÓRIAS

Ilustração do século XII do manuscrito *Miscellany on the Life of St. Edmund* que mostra navio viking chegando à Inglaterra

WIKIMEDIA COMMONS/MORGAN LIBRARY & MUSEUM, NOVA YORK

O FIEL AMIGO

Os brasileiros aprenderam a comer bacalhau com os portugueses. Nossos colonizadores começaram a dar importância a esse peixe salgado e desidratado, capturado nas águas frias dos mares em torno do Círculo Polar Ártico no limiar da Era dos Descobrimentos. Referimo-nos ao período da história entre os séculos XV e XVII, durante o qual eles se lançaram ao mar em busca de novas terras e rotas de comércio.

Há informações sobre uma autorização no século XIV na qual o reino da Dinamarca libera aos portugueses a pesca do bacalhau em suas águas. Ao singrarem os mares nunca dantes navegados, "mais do que prometia a força humana", como escreveu Luís Vaz de Camões no poema épico "Os Lusíadas", transportavam o fundamental ingrediente nos porões de suas embarcações. Fazendo as contas, o peixe caiu no gosto dos portugueses há mais de 500 anos.

O bacalhau possuía dupla utilidade. Podia ser levado a qualquer lugar do mundo sem estragar e oferecia baixo teor de gordura e alto teor de proteína. Os portugueses só não sabiam, por falta de conhecimento científico, que o bacalhau fornecia vitaminas, ferro, cálcio, fósforo e magnésio. Mesmo não sendo fresco, porém salgado e desidratado, mantinha essas propriedades e se tornava mais nutritivo do que os outros peixes, as carnes bovina e suína, a da galinha e as das aves em geral. Para completar, ao ser reidratado superava em sabor os pescados submetidos ao mesmo processo de conservação.

Depois, o bacalhau passou a substituir a carne vermelha, da qual os católicos se abstinham na Quaresma – o período litúrgico que vai da Quarta-feira de Cinzas ao Domingo de Ramos, da semana anterior à do Domingo de Páscoa – e em muitos outros dias de rigor penitencial, determinados pela Igreja Católica. Segundo o espanhol L. Jacinto Garcia, no livro *Comer Como Deus Manda* (Editorial Notícias, Lisboa, 2000), "os dias de abstinência de carne ocupavam quase metade do ano".

O preceito vem desde a Idade Média e, nos incontáveis dias de jejum, os fiéis baniam da mesa as carnes que consideravam quentes. Podiam matar a fome com as comidas frias, entre as quais se destacavam os peixes. Em seu livro *O Bacalhau na Vida e na Cultura dos Portugueses* (Academia do Bacalhau, Lisboa, 1998), Marília Abel e Carlos Consiglieri ressaltam que, ao longo do tempo, o peixe salgado e desidratado "passou a ter forte identificação com a religiosidade e a cultura do povo português".

Os pioneiros do bacalhau, entretanto, foram os vikings – exploradores, guerreiros, comerciantes e piratas escandinavos que invadiram e colonizaram grandes áreas da Europa e das ilhas do Atlântico Norte entre os séculos VIII e XI. Como não tinham sal, secavam o peixe ao ar frio e ao vento, até que perdesse quase a quinta parte de seu peso e endurecesse como uma tora ou tronco de madeira de lei, para consumo nas suas demoradas viagens oceânicas. Correspondia ao que hoje os italianos, seus principais apreciadores modernos, chamam de *stoccafisso*, enquanto os anglo-saxônicos dizem *stockfish* (bacalhau). Etimologicamente, *stock* significa "tora" ou "tronco", e *fish* é "peixe" ou "pescado".

Quem primeiro salgou e desidratou o alimento que hoje consumimos foram os bascos – grupo étnico que habita o extremo norte da Espanha e o extremo sudoeste da França, na região cortada pelos Pirineus. Registros históricos mostram que no ano 1000 eles já usavam o sal como conservante de alimentos. Aos portugueses coube o privilégio honroso de introduzir na mesa universal o peixe curado desse modo.

A contribuição lusitana é amplamente reverenciada. "Devemos aos portugueses o reconhecimento por terem sido os primeiros a introduzir na alimentação esse peixe precioso, universalmente conhecido e apreciado", referendou Auguste Escoffier (1846–1935), chef francês que revolucionou não apenas a cozinha do seu país, mas a própria culinária ocidental.

É perfeitamente compreensível que o bravo povo lusitano tenha criado o maior acervo de receitas de bacalhau do mundo. São tantas que o número costuma ser arredondado para "um milhar mais um". Os portugueses as preparam de todos os jeitos: no fogão, no forno ou na brasa, consumindo cerca de 70 mil toneladas de bacalhau por ano, equivalentes a 7 kg per capita, enquanto seus vizinhos espanhóis, por exemplo, não passam de 1 kg por habitante. Não por acaso, chamam de "fiel amigo" o peixe curtido no sal. A expressão carinhosa mostra a importância dada ao bacalhau pelos lusitanos. Palmas para eles!

Aliás, a palavra "bacalhau" não designa o animal aquático, mas o processo de salga e secagem aplicado a cinco peixes de quatro famílias diferentes. Todos são chamados de bacalhau no mercado brasileiro. O legítimo, mais nobre e suculento, chama-se Cod (*Gadus morhua*), da família Gadidae, e procede do Atlântico Norte. Salgado e desidratado, ostenta cor amarelo-palha e uniforme; ao ser cozido se desfaz em lascas claras e tenras, de sabor inconfundível. Destina-se a todos os grandes pratos, cozido, frito, assado ou grelhado.

Vem em seguida outro Cod (*Gadus macrocephalus*), conhecido como bacalhau do Pacífico ou do Alasca. Apesar de muito semelhante em aspecto ao *Gadus morhua*, salvo pela forma das nadadeiras e pela cor, tem a carne ligeiramente mais clara e fibrosa, não se desmanchando em lascas. Desfruta por isso de menor prestígio e custa até 20% menos. Pode ser preparado da mesma forma que o *Gadus morhua*.

Outros três peixes também se prestam à salga e secagem. O Saithe (*Pollachius virens*), campeão de importações no Brasil, de carne mais escura e sabor mais forte, é indicado para saladas, bolinhos e ensopados temperados; o Ling (*Molva molva*), que possui corpo mais estreito rende bom corte, de carne clara, apetitosa e firme, cujas ovas são consideradas iguarias na Espanha; e o Zarbo (*Brosmius brosme*), de carne branca, firme e fibrosa, com sabor que evoca marisco, usado em caldos e pirões.

Os cinco tipos são classificados nas categorias imperial (bem curado, cortado e escovado); universal (apresenta pequenos defeitos, embora não comprometam sua qualidade); e popular (exibe manchas e às vezes faltam-lhe pequenos pedaços). Do quinteto ártico, os cozinheiros aproveitam tudo: lombo, cara, bochecha, língua, nas formas de posta, lombo, lasca, desfiado.

Até hoje a comercialização segue um curioso princípio. A seleção é feita por peso e tamanho, não importa o tipo de peixe. Os maiores vêm em caixas de madeira com 50 kg. A primeira delas é identificada como 8/10, isto é, contendo de 8 a 10 peixes para formar os 50 kg. A outra é a 11/15, seguindo o mesmo conceito. Nos dois casos, o bacalhau é chamado de Porto, referência à cidade portuguesa que deu início à tradição. Portanto, Porto ou Imperial designa o tamanho, não necessariamente a qualidade. Daí para a frente, são empregadas caixas de papelão de 25 kg, a começar do 7/9, até o 21/30.

As espécies que dão origem ao bacalhau podem ser encontradas na Noruega, tanto na superfície quanto em águas profundas. A principal região onde hoje o capturam, entre os meses de janeiro e maio, é o Arquipélago de Lofoten, no distrito do condado de Nordland, que fica no noroeste do mar da Noruega. Hoje, a cidade norueguesa de Ålesund é conhecida como a capital mundial do bacalhau. Ali se encontram as maiores indústrias responsáveis por sua transformação e exportação.

Há diferentes métodos para a captura do peixe. O mais simples consiste em lançar uma rede de arrasto em torno do cardume, para envolvê-lo e puxá-lo até o barco. Chegam a bordo cerca de 7 toneladas de peixe de uma vez. Os melhores processadores e exportadores, porém, só encomendam peixes pescados com linha e anzol. Segundo eles, ao serem puxadas, as redes podem esmagar os peixes que ficam amontoados dentro delas, provocando sangramentos internos que mancham a carne. Por isso, preferem o sistema chamado de espinhel, que tem linhadas de 1,5 km a 5 km, contendo até 50 mil anzóis cada uma.

Seja qual for o método de pesca, o bacalhau é processado de forma semelhante em todas as fábricas. Inicialmente, os peixes são abertos no sentido longitudinal e têm removida parte da espinha dorsal; em seguida, lavam-nos para a retirada das vísceras e dos restos de sangue que maculariam a carne. Seguem por uma esteira, onde um sensor eletrônico faz a primeira separação por peso. São dispostos por camadas em grandes caixas plásticas, cada uma delas borrifada com uma nuvem de sal grosso. A salga provoca a saída da água do corpo dos peixes, formando uma espécie de salmoura na qual fazem a cura por 2 a 4 semanas, dependendo do tamanho e do peso.

Completada esta etapa, eles são colocados em palets aramados, para iniciar o processo de secagem. Ficam de 1 a 2 semanas em temperatura ambiente e na sequência permanecem mais 1 semana na câmara de secagem propriamente dita, por onde circula ar quente. Por fim, é feita nova classificação e vão para a embalagem. Exporta-se o bacalhau em containers refrigerados, conservando a temperatura entre 2 °C e 4 °C.

Já a ascendência do vocábulo provoca discussões infindáveis. Alguns afirmam que "bacalhau" deriva do escandinavo *bakkeljau* (bastão peixe). Outros acreditam descender de formas dialetais do basco *bakailao* (*bakailo*, *makailao*, *makailo*). Preferimos a versão do ilustre filólogo e escritor lusitano António Cândido de Figueiredo (1846–1925), autor do *Novo Dicionário da Língua Portuguesa*, publicado em 1899, com reedições até 1996. Segundo ele, o nome veio do latim arcaico *baccalaureus*. Não por acaso, o fiel amigo retirado dos mares do Círculo Polar Ártico foi convertido em símbolo da identidade nacional lusitana.

AÇORDA DE BACALHAU

RENDE 4 PORÇÕES

INGREDIENTES

- 500 g de bacalhau de excelente qualidade
- 2 pães rústicos pequenos
- 1 cebola cortada em rodelas finas
- 50 ml de azeite de oliva
- 2 gemas batidas
- ½ maço de coentro macerado com o pilão (para dar coloração verde à açorda)
- 200 ml (aproximadamente) de caldo de peixe
- Sal e molho de pimenta a gosto

ACOMPANHAMENTO

- Lascas de bacalhau previamente cozidas e depois douradas em um fio de azeite de oliva

PREPARO

1. Demolhe o bacalhau em água abundante, na geladeira, por cerca de 48 horas, trocando a água a cada 6 horas. Retire o bacalhau da demolha, descartando a pele e as espinhas.
2. Cozinhe o bacalhau em água por cerca de 8 minutos, retire-o e desfie-o, reservando a água do cozimento.
3. Amoleça o pão, colocando-o de molho na água do cozimento do bacalhau. Escorra-o quando estiver bem macio.
4. Em uma panela, doure levemente a cebola no azeite. Acrescente o bacalhau desfiado e refogue bem. Incorpore o pão, as gemas, o coentro macerado e misture.
5. Adicione o caldo de peixe, tempere com molho de pimenta e ajuste o sal, se necessário. Deixe cozinhar em fogo baixo, mexendo de vez em quando, até obter uma mistura homogênea.
6. Sirva a açorda em tigelas, acompanhada pelas lascas de bacalhau.

BACALHAU ESPIRITUAL

RENDE 8 PORÇÕES

INGREDIENTES

BACALHAU

- 1 kg de bacalhau em postas
- 100 g de pão de fôrma sem casca
- 200 ml de leite quente
- 200 g de manteiga
- 400 g de cebola picada
- 400 g de cenoura ralada
- Algumas gotas de limão
- Sal e pimenta-do-reino moída na hora
- Manteiga, para untar
- Queijo ralado a gosto

MOLHO BECHAMEL

- 4 colheres (sopa) de manteiga
- 4 colheres (sopa) de farinha de trigo
- 1 litro de leite quente
- Noz-moscada ralada a gosto
- Sal e pimenta-do-reino moída na hora

DECORAÇÃO

- Cenoura ralada em fios

PREPARO

BACALHAU

1. Demolhe o bacalhau em água abundante, na geladeira, com a pele para cima, por cerca de 48 horas, trocando água a cada 6 horas.
2. Escorra-o, retire a pele e as espinhas e desmanche-o em pequenas lascas.
3. Coloque as fatias de pão de molho no leite quente.
4. Em uma panela, aqueça a manteiga, junte a cebola, a cenoura e refogue em fogo baixo. Incorpore o bacalhau e deixe-o cozinhar por cerca de 10 minutos, mexendo com uma colher de pau, sempre em fogo baixo.
5. Esprema o pão e junte-o ao bacalhau, mexendo com a colher de pau, sem parar, por cerca de 5 minutos, ou até obter uma massa homogênea. Tempere com o limão, a pimenta, ajuste o sal, se necessário, e desligue o fogo.

MOLHO BECHAMEL

1. Em uma panela, derreta a manteiga em fogo brando, sem deixar escurecer. Sem parar de mexer, adicione a farinha de trigo lentamente e, em seguida, incorpore o leite aos poucos. Tempere com noz-moscada, sal, pimenta e retire do fogo quando o molho ganhar textura e engrossar.

FINALIZAÇÃO

1. Acrescente metade do molho bechamel ao bacalhau e misture bem. Passe para um prato refratário untado com manteiga. Coloque por cima o molho bechamel restante, polvilhe com o queijo ralado e leve ao forno médio preaquecido a 180 °C, até dourar.
2. Se preferir, finalize com cenoura ralada. Sirva imediatamente.

Chacrinha: enquanto atirava peças de bacalhau na plateia, gritava um dos seus famosos bordões

MINISTÉRIO DA JUSTIÇA E SEGURANÇA PÚBLICA/ ARQUIVO NACIONAL

VOCÊS QUEREM BACALHAU?

No início da década de 1970, centenas de peças de bacalhau encalharam nas lojas das Casas da Banha e, para se livrarem delas, os donos da grande rede nacional de supermercados, que chegou a ter 230 lojas, com sede no Rio de Janeiro, pediram socorro a José Abelardo Barbosa de Medeiros, o Chacrinha (1917–1988), cujo programa de televisão patrocinavam. Saiu da cabeça do próprio comunicador a solução para o problema.

Chacrinha pediu às Casas da Banha peças inteiras de bacalhau e passou a arremessá-las no auditório, como se fossem bumerangues sem volta. Enquanto atirava o peixe salgado e desidratado, gritava um dos seus famosos bordões: "Vocês querem bacalhau?". As peças eram disputadas no braço pela plateia enlouquecida e a repercussão do espetáculo fez com que o encalhe das Casas da Banha se resolvesse.

O incansável comunicador estava na TV Tupi, onde estreou, em 1956, com o programa Rancho Alegre; ali também apresentou a Discoteca do Chacrinha. A seguir, mudou para a TV Rio e, em 1967, a Rede Globo o contratou. Além da Discoteca do Chacrinha, apresentava o programa Buzina do Chacrinha, de calouros. Ele provocava os candidatos: "Vai para o trono, ou não vai?". Cinco anos depois, Chacrinha retornou à TV Tupi

Em 1978, foi para a TV Bandeirantes e, em 1982, voltou à Globo, onde permaneceu até o fim da vida, fundindo seus dois programas em um só, intitulado Cassino do Chacrinha. Ele fazia o Brasil inteiro rolar de rir nas tardes de sábado. Em 2018, foram relembrados saudosamente os 30 anos da morte do maior comunicador que a televisão brasileira já teve.

VOCÊS QUEREM BACALHAU?

Um detalhe importante é que Chacrinha adorava bacalhau, saboreando-o tanto em casa como no restaurante Antiquarius, no Rio de Janeiro, que costumava frequentar. Aparecia acompanhado de colegas de trabalho e de amigos diletos. Pedia o Bacalhau Nunca Chega, receita servida de maneira improvisada para o rei português Dom Carlos I (1863–1908), no dia em que ele chegou de surpresa a um de seus palácios e havia na despensa poucos mantimentos estocados.

Um dos maîtres do Antiquarius, Francisco Nonato Santos, o Serra, que hoje trabalha no restaurante A bela Sintra, de São Paulo, atendeu Chacrinha muitas vezes. Quando ia servi-lo, o apresentador habitualmente pegava seu braço e dizia brincando: "Pode servir tudo, você não vai levar minha comida embora, não!".

Serra guarda as melhores recordações de seu cliente. "Quem não o conhecia pessoalmente e o ouvia falar assim, achava que se tratava de um sujeito grosseiro", lembra. "Mas ele tratava bem as pessoas. Brincar era o seu jeito". Outro prato do Antiquarius apreciado por Chacrinha era o arroz de frutos do mar.

O maître ainda lembra de vê-lo acompanhado de José Bonifácio de Oliveira Sobrinho, o Boni, na época o principal executivo da Rede Globo. Em uma das vezes, o parceiro de mesa deu uma alfinetada no Chacrinha. Estranhava que o apresentador sempre pedisse coentro para colocar na comida. Ao gosto de Boni, paulista de Osasco, o tempero extra "estragava qualquer prato".

Pernambucano de Surubim, Chacrinha rebateu. Sustentou que, além de saboroso, o coentro favorece a saúde, ajuda a controlar o colesterol e melhora a digestão. Em seguida, o apresentador perguntou a Serra: "De onde você é, meu filho?".

O maître respondeu ser do Ceará, portanto nordestino, e Chacrinha comemorou vitorioso: "Então, você também gosta de coentro e sabe que faz bem!". Boni pareceu contrariado, mas ficou em silêncio. O coentro é pouco amado pelos paulistas.

Chacrinha foi autor de uma frase antológica: "Na televisão, nada se cria, tudo se copia", mas lançou em seus programas novidades da música brasileira como Roberto Carlos, Raul Seixas, Perla e Paulo Sérgio. Em 1969, foi chamado de "Velho Guerreiro" na canção "Aquele Abraço", de Gilberto Gil, composta e lançada como *single*, pouco antes do compositor e cantor baiano ir para o exílio político em Londres, nos tempos do regime militar. O apelido carinhoso pegou.

Um bordão contumaz do Velho Guerreiro era "Alô, alô, Terezinha!". Foi igualmente citado na canção "Aquele Abraço" e intitulou o documentário dirigido por Nelson Hoineff, que ouviu os depoimentos de Roberto Carlos, Beth Carvalho, Fábio Júnior e outras figuras de proa da nossa música popular. Terezinha não era uma pessoa, mas uma palavra escolhida pela sua sonoridade, para substituir Clarinha, a marca da água sanitária que tinha patrocinado seu programa. Ajudava a criar um clima burlesco, junto com o protagonismo caricato de jurados como Aracy de Almeida, Rogéria, Carlos Imperial, Elke Maravilha e Pedro de Lara.

Outra atração do programa de TV do Velho Guerreiro eram as chacretes – coristas que rebolavam no palco, com roupas ousadas para a época, e acompanhavam as músicas, turbinando o clima geral. Receberam da produção nomes chamativos, que carregaram pela vida afora: Rita Cadillac, Índia Amazonense, Fátima Boa Viagem, Suely Pingo de Ouro, Fernanda Terremoto etc.

VOCÊS QUEREM BACALHAU?

Chacrinha incendiava coreograficamente o palco, arremessando os bacalhaus vestido de palhaço. Nos últimos tempos, apresentava-se de cartola, fraque vermelho e completava a performance fazendo barulho com uma buzina. Já havia aparecido em público de Napoleão Bonaparte, D. João VI, gladiador romano, marajá, marinheiro, índio, bacalhau e tudo mais o que lhe desse na telha. O importante era chamar a atenção. "Quem não comunica, se trumbica", sentenciava o comunicador.

Seu apreço pelo bacalhau ficou para sempre, pois Chacrinha encarnava uma paixão brasileira. Foi o pregoeiro de um alimento que chegou ao Brasil em 1500, nos porões das embarcações de Pedro Álvares Cabral, cujo consumo era controlado pelo despenseiro, tamanha a sua importância. Na verdade, o bacalhau só passou a ser consumido regularmente pelos brasileiros a partir de 1808, quando D. João VI e a corte portuguesa mudaram para o Brasil, fugindo das tropas de Napoleão Bonaparte, que invadiam Portugal.

Na época, entraram em moda na corte carioca três pratos do além-mar à base do peixe salgado e desidratado: Bacalhau Assado nas Grelhas, à Bechamel e à Provençal. Compunham as receitas do livro *Cozinheiro Moderno ou Nova Arte de Cozinha*, lançado em Portugal no ano de 1780 pelo francês Lucas Rigaud, chef contratado por D. Maria I, mãe de D. João VI, que veio com o filho para o Rio de Janeiro.

Portanto, não custa repetir: aprendemos a comer bacalhau com os portugueses. Eles também nos legaram a tradição de saborear o peixe salgado e desidratado

MINISTÉRIO DA JUSTIÇA E SEGURANÇA PÚBLICA/ARQUIVO NACIONAL/JEAN BAPTISTE DEBRET

D. João VI por Jean-Baptiste Debret, ilustração feita provavelmente entre 1834 e 1839

na festa do Natal, por muito tempo circunscrita à população carioca. O restante do país comemorava a data cristã comendo peru, pato, cordeiro e frango capão. Hoje, tanto no Rio de Janeiro como em São Paulo, o bacalhau vai à mesa na ceia do Réveillon, com outros pratos, por diferentes significados. Saboreá-lo na noite de 31 de dezembro traria boa sorte no ano novo. É igualmente um prato da mesa do domingo e dos eventos familiares.

O bacalhau fez tanto sucesso que o Brasil iniciou sua importação oficial da Noruega em 1843. Só mais tarde o peixe também viria do Canadá e do Alasca, porém sempre em volume menor. Desde então, costumamos prepará-lo seguindo receitas lusitanas e começamos também a desenvolver receitas tradicionais brasileiras. Só no livro *Dona Benta – Comer Bem* (Companhia Editora Nacional, São Paulo, SP, 2003) há 15; já em *O Grande Livro da Cozinha Maravilhosa de Ofélia* (Companhia Melhoramentos, São Paulo, SP, 1998) são 14 receitas.

As duas obras, muito populares, ensinam o preparo de um bacalhau com leite de coco, por exemplo, com jeito e aroma baianos e têm em comum o acréscimo de pimentão, cebola, alho, tomate, pimenta-do-reino e cheiro verde. Entretanto, uma das receitas de *O Grande Livro da Cozinha Maravilhosa de Ofélia* difere por incorporar batata cozida, louro e coentro, o tempero favorito de Chacrinha.

Entre os pratos criados no Brasil, dois alcançam o patamar da excelência. O primeiro envolve um cidadão português chamado Armando Soares dos Reis (1920-2002). É o Bacalhau à Mia. Surgiu em São Paulo, na segunda metade do século passado. Homenageia a brasileira Guilhermina Reis, a Mia. Ela inventou a receita ouvindo o palpite do marido Armando, gastrônomo de paladar afiado e anfitrião impecável, além de importador de vinhos e alimentos. O Bacalhau à Mia agora é preparado em restaurantes, inclusive no A bela Sintra, de São Paulo.

A outra importante receita nacional é o Bacalhau à Pereira Ignácio, que veio do nome completo de António Pereira Ignácio (1875-1951). Também nascido em Portugal, ele a preparava sozinho para a família, recusando ajuda. Fazia isso em sua residência da Avenida Paulista, em São Paulo. Todos os seus descendentes continuam a elaborá-la em casa. Filho de um sapateiro, Pereira Ignácio foi imigrante pobre que enriqueceu no Brasil. Instalou-se inicialmente em Sorocaba/SP.

Destacou-se primeiro como comerciante; depois no controle de empresas de tecidos, tornando-se industrial. Em 1918, adquiriu em Votorantim, na época distrito de Sorocaba, a massa falida pertencente ao Banco União de São Paulo. Sob a administração do seu genro, o engenheiro José Ermírio de Moraes, o negócio cresceu e se converteu no atual Grupo Votorantim, comandado a seguir pelo seu neto Antônio Ermírio de Moraes.

O que Chacrinha tem a ver com tudo isso? Na Idade Média, dava-se o nome de arauto ao oficial que fazia as proclamações solenes. Também transmitia mensagens e conferia títulos de nobreza. Pensando bem, o Velho Guerreiro foi arauto do bacalhau no Brasil. Qual seria a sua reação ao ouvir tamanho elogio? É provável que retrucasse com um infalível "Vocês querem bacalhau?".

BACALHAU À MIA

RENDE 6 PORÇÕES

INGREDIENTES

- 2 kg de postas de bacalhau do Porto
- 2 kg de batata
- 3 dentes de alho cortado em rodelas
- 2 kg de cebola cortada em rodelas
- 1 litro de azeite de oliva
- 2 colheres (sopa) de vinagre de vinho branco
- 5 ovos cozidos, duros, cortados em rodelas
- 150 g a 200 g de azeitonas portuguesas
- Salsinha picada grosseiramente, para cobrir
- Sal e pimenta-do-reino moída na hora a gosto

PREPARO

1. Lave e demolhe o bacalhau em água abundante, na geladeira, por cerca de 48 horas, trocando a água a cada 6 horas.

2. Escorra e cozinhe o bacalhau em água fervente por cerca de 7 minutos, cuidando para que não fique cozido demais. Escorra novamente e retire as espinhas maiores com cuidado. Reserve.

3. Cozinhe as batatas com as cascas, sem deixá-las muito cozidas. Escorra, descasque e corte-as em rodelas grossas. Reserve.

4. Em uma panela, refogue os dentes de alho e as cebolas no azeite até ficarem transparentes. Tempere com sal e pimenta.

5. Desligue o fogo e misture o vinagre. Reserve.

6. No fundo de uma travessa refratária, disponha uma parte das cebolas.

7. Coloque o bacalhau por cima, depois as batatas em rodelas, os ovos e as azeitonas.

8. Cubra com o restante das cebolas e polvilhe a salsinha.

9. Leve ao forno médio preaquecido a 180 °C por aproximadamente 30 minutos, ou até o molho atingir fervura e a salsinha secar.

10. Retire do forno e sirva imediatamente.

BACALHAU À PEREIRA IGNÁCIO

RENDE 6 PORÇÕES

INGREDIENTES

- 1 kg de bacalhau, de preferência do Porto
- 8 ovos grandes
- 1 maço de salsinha picada
- 3 cebolas cortadas em tiras
- 200 ml de azeite de oliva
- 1 xícara (chá) de azeitonas pretas portuguesas
- Sal e pimenta-do-reino moída na hora a gosto

PREPARO

1. Lave e coloque o bacalhau de molho na geladeira por cerca de 48 horas, trocando a água a cada 6 horas. Escorra-o, descarte a pele e as espinhas e seque-o delicadamente com um pano limpo. Desmanche-o em tiras grossas com ele ainda cru.

2. Bata os ovos manualmente, até que se misturem completamente e adicione a salsinha.

3. Em uma panela, refogue a cebola no azeite até que murche, acrescente o bacalhau desfiado, as azeitonas e derrame os ovos batidos aos poucos, mexendo sem parar, até que cozinhem ligeiramente. O ideal é que duas pessoas se dediquem a essa etapa da receita, para que sejam simultâneos os movimentos de derramar e ao mesmo tempo misturar os ovos ao bacalhau.

4. Ajuste o sal, se for necessário, tempere com pimenta e sirva imediatamente.

Símbolo de beleza e glamour, a atriz norte-americana Grace Kelly aprendeu a comer bacalhau com o mordomo português

GRACE KELLY E O BOLINHO DE BACALHAU

Símbolo mundial de beleza e glamour – aristocrática e talentosa –, a atriz norte-americana Grace Kelly (1929–1982), que se tornou princesa ao se casar com Rainier III, governante da cidade-estado de Mônaco, passou a vida subindo e descendo da balança, e se manteve esbelta a vida inteira. Em 1955, quando ganhou o Oscar e o Globo de Ouro com o drama *Amar é Sofrer*, media 1,70 m de altura e pesava 53 quilos. A fim de preservar a silhueta, alimentava-se de sopas leves, comia peixe ou filé-mignon grelhados e evitava frituras – exceto pelo bolinho de bacalhau.

A princesa Grace aprendeu a gostar desse legítimo petisco português em Paris, no palacete que ela e o marido mantinham para os filhos Carolina de Mônaco, Alberto II e Stéphanie de Mônaco, quando estudavam na capital francesa. Ela apreciava tanto o bolinho de bacalhau que o ofereceu ao ex-colega de cinema Frank Sinatra, no dia em que o astro de New York, New York, Night and Day, My Way, Strangers in the Night e outros sucessos mundiais foi almoçar em sua casa.

De acordo com Manuel Guimarães, no livro *À Mesa Com a História* (Colares Editora, Sintra, 2001), Grace Kelly descobriu a especialidade mais famosa da gastronomia lusitana, hoje difundida inclusive no Brasil, através do seu mordomo Antônio Clara, um beirão (natural da Beira, região central de Portugal). Nunca mais deixou de saboreá-la *comme il faut*: nas condições de petisco, entrada com salada verde ou feijão-fradinho, ou prato principal, com arroz de tomate.

Os portugueses dão dois nomes ao seu petisco nacional. No Norte chamam de bolinho, como falamos no Brasil; já no Sul o denominam pastelinho ou pastel de bacalhau. Foi um dos 21 finalistas do concurso que elegeu as 7 Maravilhas da Gastronomia Portuguesa, em 2011, vencido pelas alheiras de Mirandela, o queijo Serra da Estrela, o caldo verde, a sardinha assada, o arroz de marisco, o leitão da Bairrada e o pastel de Belém.

Os lisboetas, que o candidataram e reivindicam a paternidade do seu pastel de bacalhau, continuam inconformados com o fato de ele não ter subido ao pódio. Entretanto, alguns escritores gastronômicos – Maria de Lourdes Modesto, Alfredo Saramago e Maria Emilia Cancella de Abreu, por exemplo – dizem que o petisco não surgiu na capital lusitana, no Centro de Portugal, mas no Norte, ou melhor, na região de Entre Douro e Minho. Ali, Teresa de Sousa Maciel Girão recebeu em 1797, da Academia Real de Ciências, uma medalha de ouro no valor de 50 mil réis, pelo pioneirismo no cultivo da batata, coadjuvante indispensável na receita da especialidade.

Segundo Virgilio Nogueiro Gomes, escritor gastronômico, a primeira receita de bacalhau em forma de bolinho ou pastel apareceu em 1841 no livro *Arte do Cozinheiro e do Copeiro,* do Visconde de Vilarinho de São Romão, filho da mencionada Teresa Girão. Na verdade, parecia-se mais com outro petisco lusitano: as pataniscas, que são iscas de bacalhau envoltas em farinha, leite, ovo e depois fritas. As primeiras receitas verdadeiramente assemelhadas ao atual bolinho de bacalhau surgiram em 1876, no livro *Arte de Cozinha*, de João da Matta.

O grande chef lusitano praticava uma cozinha revolucionária para a época, priorizando a criatividade, evitando as repetições monótonas, respeitando as texturas e rejeitando a sobreposição de sabores. É dele o registro do preparo dos Pastellinhos Fritos de Bacalhau à Hollandeza e Pastellinhos de Bacalhau. Curiosamente, a primeira receita mandava incorporar queijo ralado, de preferência o parmesão. Pode ter escrito pastellinhos porque, em vez de fritos, eram assados em fogo brando, prática que não teve continuidade.

O bolinho tradicional leva bacalhau cru desfiado, combinado com batatas cozidas e esmagadas, ovos, salsinha, pimenta, sal e azeite para fritar. A questão é chegar a um acordo sobre a proporção de cada ingrediente. Virgílio Gomes sustenta que o volume do bacalhau deve ser o dobro da batata. "Era a proporção usada em minha casa natal, na região de Trás-os-Montes, no norte do país", afirma. Ele reitera que a invenção do petisco se relaciona diretamente com a introdução da batata – originária da América – em Portugal sem a qual a receita atual não existiria.

Mas sua presença pode ao mesmo tempo enriquecer e arruinar o petisco. É capaz até de fazê-lo mudar de nome. Incorporada em quantidade excessiva, transforma o bolinho de bacalhau em bolinho de batata. Não seria preciso sublinhar que o mordomo Antônio Clara transmitiu a receita original à princesa Grace Kelly.

BOLINHO DE BACALHAU

RENDE CERCA DE 30 UNIDADES

INGREDIENTES

- 250 g de bacalhau de excelente qualidade
- 200 g de batatas com casca
- ½ cebola bem picada
- 1 dente de alho bem picado
- 1 colher (sopa) de salsinha picada
- 2 ovos, gemas e claras separadas
- Uma pitada de noz-moscada
- Sal e pimenta-do-reino moída na hora
- Azeite de oliva, para fritar

PREPARO

1. Demolhe o bacalhau em água abundante, na geladeira, por cerca de 48 horas, trocando a água a cada 6 horas. Escorra-o e leve ao fogo em nova água, apenas até levantar fervura.

2. Escorra novamente e limpe o bacalhau, descartando a pele e as espinhas. Coloque-o dentro de um pano de prato grosso e limpo e esfregue-o muito bem, para que se desfaça, desfiando.

3. Cozinhe as batatas. Retire a casca e amasse a polpa até obter a consistência de purê.

4. Em um recipiente, junte o bacalhau, as batatas amassadas, a cebola, o alho e a salsinha. Misture primeiro as gemas, depois bata as claras em neve e adicione à mistura, juntamente da noz-moscada, do sal e da pimenta, e siga mexendo, até obter uma massa homogênea.

5. Molde os bolinhos usando duas colheres de sopa e frite-os em bastante azeite previamente aquecido.

6. Depois de fritos, retire-os e deixe-os sobre papel-toalha.

Uma antiga gravura espanhola mostra a figura da Quaresma de Ripoll, personagem do folclore catalão

REPRODUÇÃO/MUSEU ETNOGRÁFICO DE RIPOLL

BACALHAU À ESPANHOLA

Vizinhos dos portugueses, os espanhóis não ficam atrás no preparo do bacalhau, e apreciam bastante o peixe. Preparam-no em todo o país – e com grande imaginação. O interesse começou no final da Idade Média, em consequência da rigorosa abstinência de carne que a Igreja Católica prescrevia aos fiéis durante a Quaresma.

Uma antiga gravura espanhola documenta a ligação religiosa. Mostra a figura imaginária da Quaresma de Ripoll, personagem do folclore catalão. Ela segura com a mão esquerda um bacalhau inteiro e tem no mesmo lado um rosário pendente no bolso. Velha e enrugada, vestida de camponesa, tem sete pés calçados. Perde um a um com o passar das sete semanas da Quaresma.

No passado, era o único jeito de as populações do interior comerem um peixe de mar saboroso e nutritivo em uma época desprovida de refrigerador e freezer. Além disso, sendo abundante, custava pouco. Hoje, apesar de caro, continua sendo ingrediente de receitas populares na Espanha. O bacalhau foi introduzido no país pelos bascos, exímios pescadores de alto mar. Eles começaram a salgá-lo pioneiramente em torno do ano 1000.

O folclore basco também coleciona histórias sobre o peixe desidratado. Uma delas envolve o cidadão Gurtubay, pequeno comerciante de Bilbao, o maior porto da Espanha e a principal cidade basca. Em 1871, ele enviou uma carta à Noruega encomendando "30 o 40 hatillos (grandes pacotes) de *bacalao*". Como tinha péssima caligrafia, o fornecedor achou que o "o" (ou) no meio dos números fosse um zero. Conclusão: enviou-lhe 30.040 "hatillos".

Obrigado a ficar com a quantidade de peixe, o comerciante se endividou até o pescoço e quase faliu. Dois anos depois, porém, eclodiu uma guerra civil entre os pretendentes ao trono da Espanha, Bilbao foi sitiada e os alimentos da cidade ficaram escassos. Só Gurtubay dispunha de um estoque de comida – aquela montanha de bacalhau.

Ele vendeu o encalhe ao preço que quis e ficou muito rico. Não por acaso são bascas as três mais notáveis receitas espanholas, e há muitas outras no país.

Há o Bacalao al Pil-pil, servido numa emulsão à base de azeite de oliva; o a La Vizcaína, com molho de pimentão vermelho e o al Ajo Arriero, preparado em uma frigideira com diversas verduras, de grande popularidade nacional, sobretudo na Semana Santa. Existem também o Club Ranero, com legumes picados, e o Bacalao de los Monjes al Estilo de Alcântara, ou melhor, do Mosteiro de San Benito de Alcântara, grelhado no forno e levado à mesa em molho de leite, alho-poró e amêndoas, originário da região da Extremadura.

Os espanhóis têm em comum com os portugueses o fato de chamarem de bacalhau tanto o peixe fresco como o salgado. Entretanto, Miguel de Cervantes (1547–1616), na primeira parte, capítulo segundo, do imortal *O Engenhoso Fidalgo Dom Quixote de La Mancha*, usa os três antigos nomes espanhóis do bacalhau: abadejo, truchuela e curadillo. O historiador e cronista catalão Nestor Luján, no livro *Como Piñones Mondados* (Ediciones Folio, Barcelona, 1994), explica a origem desses vocábulos:

Abadejo seria diminutivo de "abade", numa referência ao maciço consumo de peixe nas instituições religiosas medievais. *Curadillo* viria de "curado", o ato de salgar e desidratar o peixe. *Truchuela* corresponderia ao diminutivo de *trucha*. Relaciona-se com "trechar", que significa "abrir e salgar as sardinhas", curando-as ao ar livre. Já a palavra *bacalhau* apareceu pela primeira vez em Flandres, região atualmente dividida entre Bélgica, França e Holanda, no ano de 1163, na forma latinizada *cabellauwus*.

As enciclopédias acreditam derivar do vocábulo gascão *cabilhau*, vindo de outro, que designava "cabeça". Na verdade, essa extremidade superior do peixe é invariavelmente descartada no processo de industrialização. Fica aqui um desafio: quem já viu um homem chamado Judas, um chester vivo e uma cabeça de bacalhau?

Ilustração de Gustave Doré para a edição francesa de *Dom Quixote de la Mancha*, de Miguel de Cervantes, 1863

WIKIMEDIA COMMONS/GUSTAVE DORÉ, *DOM QUIXOTE DE LA MANCHA*, 1863

BACALAO AL PIL-PIL

RENDE 4 PORÇÕES

INGREDIENTES

- 4 postas de cerca de 250 g de lombo de bacalhau
- 5 dentes de alho cortados em lâminas finas
- ½ litro de azeite de oliva
- Sal a gosto
- Pimenta vermelha cortada em tirinhas a gosto

PREPARO

1. Demolhe o bacalhau em água abundante por cerca de 48 horas, na geladeira, trocando a água a cada 6 horas. Escorra, limpe e retire as espinhas, mantendo a pele.

2. Em uma panela, frite o alho no azeite, em fogo baixo. Quando começarem a dourar, retire as lâminas com uma escumadeira e reserve.

3. No mesmo azeite em que fritou o alho, cozinhe as postas de bacalhau lentamente, com a pele para cima, por cerca de 15 minutos, sem fritar e até ficarem macias. Se necessário, ajuste o sal. Retire as postas e reserve-as.

4. Com um fouet, bata todo o fundo do cozimento que ficou na panela até emulsionar, ficando esbranquiçado. Se necessário, bata esse molho no liquidificador.

5. Sirva o bacalhau com o molho, a pimenta e as lâminas de alho reservadas.

BACALAO A LA VIZCAÍNA

RENDE 4 PORÇÕES

INGREDIENTES

- 4 postas de 250 g de bacalhau
- 3 pimentões verdes
- 3 pimentões vermelhos
- 2 cebolas roxas em pedaços
- 2 cebolas brancas em pedaços
- 5 tomates maduros, sem pele, em cubos
- 3 dentes de alho inteiros, sem casca
- 250 g de pão caseiro sem casca, em cubos
- 575 ml de azeite de oliva
- Sal a gosto
- Água do cozimento dos pimentões, o quanto baste

DECORAÇÃO

- 4 dentes de alho inteiros, com casca, previamente dourados no azeite de oliva
- Salsinha picada a gosto para polvilhar

PREPARO

1. Demolhe o bacalhau em água abundante por cerca de 48 horas na geladeira, trocando a água a cada 6 horas. Escorra, limpe e retire as espinhas.

2. Com a chama do fogão acesa, queime a pele dos pimentões e descarte-a. Retire as sementes e cozinhe os pimentões na água, até ficarem macios. Reserve-os na própria água do cozimento.

3. Em uma panela, refogue as cebolas e os tomates em 75 ml de azeite de oliva. Incorpore o pão e os pimentões com parte da água do cozimento, até que forme um molho. Tempere com sal e deixe no fogo por mais alguns minutos. Reserve.

4. Em outra panela, de preferência de barro, aqueça os outros 500 ml de azeite e doure os três dentes de alho inteiros, sem a pele. Junte o bacalhau e cozinhe por cerca de 6 minutos.

5. Retire o bacalhau e complete seu cozimento na panela com o molho, até ficar macio. Distribua a salsinha e os dentes de alho reservados para decoração e sirva quente.

Vicenza, comuna histórica da região do Vêneto, considerada Patrimônio da Humanidade pela Unesco e sede de uma confraria do bacalhau

PIXABAY

BACALHAU À ITALIANA

O país que mais consome bacalhau per capita é Portugal. Sua população saboreia há séculos esse ingrediente versátil, que, como sabemos, pode ser cozido no vapor, em água, grelhado, assado, frito, feito na panela de pressão ou no micro-ondas. Mas os italianos asseguram ter a receita mais preparada no mundo com o peixe capturado nas águas frias do Círculo Polar Ártico. Chama-se Baccalà alla Vicentina.

Postas de bacalhau são polvilhadas com farinha de trigo, queijo ralado e cozidas rapidamente na panela com um molho à base de aliche, alho, cebola, salsinha, vinho, manteiga e leite; vão ao forno para finalizar, em lenta ebulição; chegam à mesa acompanhadas de polenta.

Como o nome indica, a receita surgiu em Vicenza, comuna histórica da região do Vêneto, considerada Patrimônio da Humanidade pela Unesco. É um prato tão apreciado ali que originou a Venerabile Confraternità del Baccalà alla Vicentina, criada em 1987 para protegê-lo das preparações modificadas.

Restaurantes de cozinha italiana na Europa, América, Ásia e África o oferecem no cardápio – daí a difusão internacional do prato. A receita original manda elaborá-lo com *stoccafisso*, *stocco* ou *merluzzo seccato*, desidratado, seguindo o mesmo processo do bacalhau que conhecemos no Brasil, porém sem adição de sal.

A técnica de preparo do *stoccafisso* foi criada pelos vikings que, como não dispunham de sal, secavam-no ao ar livre até endurecer. O clima gelado e estável protegia o peixe dos insetos e prevenia o descontrole bacteriano. Levar o *stoccafisso* ao fogo requer tempo. Ele é demolhado em água fria, trocada a cada quatro horas, por dois ou três dias. Desse modo, recupera água, volume e maciez. Entretanto, o Baccalà alla Vicentina também pode ser preparado com o peixe curtido no sal.

Os vicentinos afirmam conhecer o stoccafisso – que chamam às vezes de *baccalà* ou de *merluzzo* –, desde o século XIII, quando sua cidade travou batalha contra a vizinha Verona, pelo controle do estratégico Castello di Montebello, na fronteira entre ambas. Hoje atração turística, a relíquia arquitetônica domina os vales del Marecchia e dell'Uso, oferecendo do alto dos seus 436 metros um cenário que combina natureza, arte e história.

Os veroneses se protegeram dentro das muralhas do Castello di Montebello e se tornaram inexpugnáveis. O hábil comandante vicentino, porém, enganou-os gritando: "Alto lá, trazemos *baccalà* e polenta!". Capitulando à oferta tentadora, os veroneses abriram o portão da fortaleza e foram derrotados. Alguns historiadores, porém, desconfiam que o *baccalà* utilizado como isca teria sido outro peixe desidratado, com o mesmo nome.

Oficialmente, os italianos foram apresentados ao bacalhau no século XV, quando o barco comandado pelo navegador e mercador veneziano Pietro Querini bateu em uma rocha na costa da Noruega, em 1432. Sobrevivendo ao acidente, ele conseguiu chegar ao arquipélago de Lofoten com um grupo de marinheiros. A sorte o conduziu à ilha de Rost, epicentro da pesca do bacalhau.

Mas Pietro Querini sofrera outro revés no caminho. Ao atravessar o estreito de Gibraltar, sua embarcação enfrentou uma tempestade desastrosa e precisou aportar para reparos em Lisboa, cidade famosa pelos estaleiros. Ali deve ter ouvido falar no bacalhau. Terminados os consertos, continuou a viagem. No arquipélago de Lofoten, conheceu pessoalmente o cobiçado peixe do Círculo Polar Ártico.

Impressionado com o sabor de sua carne, decidiu regressar a Veneza com um carregamento de bacalhau. Depois, voltou para buscar mais do alimento que seus conterrâneos, por estranharem o cheiro forte e não o considerarem peixe fresco, receberam com desconfiança, mas logo se renderam à novidade. Conservava-se meses a fio e chegava sem estragar ao mais longínquo destino.

Foi Bartolomeo Scappi, *cuoco segreto* (cozinheiro secreto) do Papa Pio V, quem introduziu o bacalhau na cozinha aristocrática italiana. Divulgou-o no tratado *Opera dell'Arte del Cucinare*, lançado em 1570. Referiu-se ao bacalhau quando falou dos peixes em geral, dos ovos e das sopas. Scappi mandava reidratá-lo em água morna e fazê-lo ensopado com azeite e especiarias, ou em um molho de laranja-amarga.

Paradoxalmente, o patrão do *cuoco segreto* não era um gourmet, e não aproveitava devidamente o talento do seu cozinheiro. Místico e ascético, Pio V andava de pés descalços, dormia pouco e se alimentava de pães, verduras, caldo de carne temperado com açafrão, sopa de urtiga com amêndoas e leite de jumenta, que bebia por recomendação médica, para combater os dolorosos cálculos renais que terminaram por tirá-lo deste mundo. Sua vida, extremamente regrada e o fato de ter restaurado a disciplina do papado, elevaram-no à glória dos altares. Felizmente, Pio V deixava Scappi à vontade na cozinha, até porque muitas vezes tinha à mesa exigentes comilões.

Para a Venerabile Confraternità del Baccalà alla Vicentina, a única receita que rivaliza em prestígio internacional com a que ela protege também surgiu na região: é o Baccalà Mantecato alla Veneziana, cozido e reduzido a um creme pastoso com a adição de azeite, alho, salsinha e depois servido sobre polenta branca ou crostini de polenta – sempre ela, outra venerada devoção italiana!

Bartolomeo Scappi, cozinheiro do Papa Pio V, que introduziu o bacalhau na cozinha aristocrática italiana

WIKIMEDIA COMMONS/*OPERA DELL'ARTE DEL CUCINARE*, 1570/METROPOLITAN MUSEUM OF ART

BACCALÀ ALLA VICENTINA

RENDE 6 PORÇÕES

INGREDIENTES

- 1 ½ kg de bacalhau em postas
- 1 pitada de canela
- Sal e pimenta-do-reino moída na hora
- 1 cebola picada
- 1 dente de alho picado
- 150 ml de azeite de oliva extra virgem
- 12 filés de anchova dessalgados
- 3 colheres (sopa) de salsinha picada
- 1 copo de vinho branco seco
- 1 litro de leite integral quente
- 80 g de manteiga
- 80 g de queijo parmigiano-reggiano ralado
- Farinha de trigo para polvilhar o bacalhau

ACOMPANHAMENTO

- Polenta mole salpicada com salsinha

PREPARO

1. Demolhe o bacalhau em água abundante, na geladeira, por cerca de 48 horas, trocando a água a cada 6 horas. Retire o bacalhau da demolha, descartando a pele e as espinhas, e tempere-o com uma pitada de canela, sal, se necessário, e pimenta. Reserve.

2. Em uma frigideira, doure levemente a cebola e o alho no azeite previamente aquecido. Incorpore os filés de anchova, a salsinha e o vinho.

3. Espere alguns minutos até que o álcool evapore e acrescente o leite quente e a manteiga, misturando bem. Ajuste o sal e a pimenta, se necessário.

FINALIZAÇÃO

1. No fundo de um recipiente que possa ir ao fogo e ao forno, coloque apenas algumas colheradas da mistura de anchova.

2. Polvilhe com farinha de trigo o bacalhau que estava reservado e coloque-o no recipiente. Distribua o queijo ralado sobre o bacalhau e derrame por cima a mistura de anchova que sobrou.

3. Leve o recipiente ao fogo baixo, espere levantar fervura e continue o cozimento, agora em forno moderado preaquecido a 160 °C, numa lenta ebulição, até o leite ser completamente absorvido.

4. Emprate o bacalhau sobre a polenta e sirva imediatamente.

BACCALÀ MANTECATO

RENDE 4 PORÇÕES

INGREDIENTES

- 500 g de bacalhau
- 250 ml de azeite de oliva extra virgem
- 100 ml de leite
- 1 dente de alho picado
- Sal e pimenta-do-reino moída na hora
- 50 g de salsinha picada

ACOMPANHAMENTO

- Polenta frita ou assada no forno

DECORAÇÃO

- Brotos de vegetais

PREPARO

1. Lave e demolhe o bacalhau em água abundante, na geladeira, por cerca de 48 horas, trocando a água a cada 6 horas.

2. Escorra o bacalhau e cozinhe-o por 15 a 20 minutos. Escorra a água do cozimento e descarte a pele e as espinhas.

3. Em uma tigela, desfaça o bacalhau e bata-o energicamente com uma colher de madeira, incorporando o azeite em fio, em seguida o leite, o alho, o sal e a pimenta. O bacalhau deverá absorver os ingredientes, ficando tenro, bem claro e pastoso. Misture a salsinha e deixe esfriar.

4. Sirva com polenta e decore com os brotos de vegetais.

Natividade Mística do mestre renascentista italiano Sandro Botticelli, de 1500, Galeria Nacional de Londres

WIKIMEDIA COMMONS/NATIONAL GALLERY

BACALHAU DE CONSOADA

Ao contrário do que acreditam muitos dos cerca de 2,3 bilhões de cristãos existentes no mundo, divididos em três principais vertentes – católicos, protestantes e ortodoxos –, Jesus não nasceu em 25 de dezembro. Aliás, o Novo Testamento não fala nada a respeito. Jesus igualmente não veio ao mundo em dezembro, inverno no Hemisfério Norte. Analisando pistas encontradas no Novo Testamento, estudiosos bíblicos sugerem que teria nascido no início do outono. Também não foi no primeiro ano da Era Cristã. Pode ter sido entre 6 e 4 a.C. Essas questões, porém, não inquietam a fé das pessoas. Para elas, o importante é ter um dia do ano voltado à figura central do cristianismo, o Messias anunciado no Velho Testamento.

Portanto, 25 de dezembro é uma data simbólica, oficializada em 350 d.C. pelo Papa Júlio I. O cristianismo precisava ofuscar a festa pagã do solstício de inverno, quando o Sol atinge a maior distância angular em relação à linha do Equador, que marca o início do inverno no Hemisfério Norte, por volta de 22 de dezembro. Durante o fenômeno astronômico, os pagãos adoravam Mitra, o deus do Sol. Em Roma, a festa se chamava Festival do Sol Invicto. Entronizado no lugar de Mitra, Jesus passou a ser "a luz espiritual que ilumina a Humanidade".

Desde então, seu aniversário é comemorado a partir do pôr do sol do dia 24 de dezembro. Nesse caso, os cristãos seguiram a tradição hebraica, que considera o pôr do sol já o começo do dia seguinte. O que isso significa? Para os judeus, o dia se inicia com o crepúsculo vespertino. Acontece por exemplo no Shabbat, o "sábado de paz" hebraico. O dia de descanso semanal começa no pôr do sol de sexta-feira e termina no pôr do sol de sábado.

Daí um dos significados da tradição da Vigília do Natal que os católicos realizam no crepúsculo vespertino de 24 de dezembro, cujo momento culminante é uma missa. Originalmente, era oficiada à meia-noite, a hora em que Jesus nasceu, segundo a crença popular. Hoje, a liturgia pode ser realizada mais cedo, para conforto dos fiéis. Na maior parte do mundo, chama-se Missa da Noite de Natal ou Missa da Meia-Noite. Nos países de língua portuguesa e espanhola, prefere-se a denominação Missa do Galo. Quando iniciada à meia-noite do dia 24, termina uma hora depois, a 25 de dezembro.

Há diferentes explicações para seu nome. As mais repetidas são que no século V o Papa Sisto III mandou celebrar o nascimento de Jesus "ad galli cantus", ou seja, "à hora que o galo canta"; que a ave cantou à meia-noite no dia em que Jesus nasceu; que o galo foi citado oito vezes na Bíblia, uma das quais quando Jesus previu que, ao ser preso pelos romanos, Pedro negaria conhecê-lo antes que o galo cantasse na manhã seguinte; e daí por diante. Antigamente, no interior de Portugal e do Brasil, levava-se um galo à igreja e se torcia para ele cantar durante a cerimônia. Se isso acontecesse, era sinal de boas colheitas no ano vindouro.

Nos primeiros tempos, as vigílias eram dias de jejum. Na de Natal, os fiéis jejuavam e se abstinham de carne. Só interrompiam a penitência na ceia familiar que festejava o nascimento de Jesus, habitualmente servida em suas casas depois da Missa do Galo. Os portugueses ainda hoje chamam essa refeição familiar de Consoada, palavra vinda do latim *consolata* e *consolare*. A designação já foi usada em alguns lugares do Brasil, mas o nome desapareceu, restando apenas a mesa reforçada da ocasião e a tolerância dos excessos gastronômicos. Virou ceia de Natal. A seguir, as pessoas confraternizam e trocam presentes.

Na Consoada, há um prato obrigatório em Portugal: o Bacalhau Cozido com Todos. Chamam-no ainda Bacalhau de Consoada. É preparado especialmente no Norte e no Centro do país. Leva tudo cozido: o bacalhau, a batata, o grão-de-bico, a cebola, a couve, o nabo, a cenoura e o ovo. O cardápio de Consoada também inclui polvo cozido ou enriquecendo o arroz. No Norte, come-se igualmente frango capão, que vem sendo substituído pelo peru. No Sul, começa-se a saborear borrego (cordeiro) assado ou mesmo ensopado. A nível nacional, existe fartura de doces: filhoses, aletrias, sonhos, bolinhos de abóbora e de arroz, rabanadas, broas, milhos doces, pudins e o ubíquo bolo-rei.

A tradição do bacalhau, porém, é a mais forte da Consoada, pois se reporta à antiga abstinência de carne das vésperas do Natal. As comunidades portuguesas no Brasil, sobretudo a do Rio de Janeiro, não deixam de ter na ceia um prato generoso com esse delicioso ingrediente salgado e desidratado. Sendo peixe, o bacalhau toma o lugar da carne.

Mas há uma ressalva a ser feita: já sabemos que ele não é um único peixe, que se trata do resultado de um processo de salga e desidratação de cinco espécies marinhas vendidas com esse nome. Como receita para a ceia natalina, nada melhor do que o Bacalhau de Consoada. Para completar, é um dos pratos mais equilibrados e saborosos com esse peixe – perdão, ingrediente! – introduzido pelos bravos desbravadores lusitanos na mesa de Natal e na alimentação humana.

BACALHAU COZIDO COM TODOS

RENDE 4 PORÇÕES

INGREDIENTES

- 4 postas grandes de bacalhau da Noruega
- 3 ramos de salsinha
- Azeite de oliva português
- Sal a gosto
- 300 g de grão-de-bico
- ½ kg de cenoura cortada em pedaços regulares
- 24 vagens tipo macarrão
- 12 batatas cortadas em pedaços regulares
- 8 aspargos frescos (opcional)
- 1 maço de couve rasgado (prefira a portuguesa)
- 4 ovos cozidos, duros

PREPARO

1. Passe as postas do bacalhau em água corrente e coloque-as de molho em água fria, com a pele para cima, por cerca de 48 horas, trocando a água a cada 6 horas. Descarte a água.

2. Cozinhe as postas com a pele, em água aromatizada com os ramos de salsinha, um fio de azeite e uma pitada de sal, por cerca de 5 minutos a partir da fervura.

3. Cozinhe separadamente o grão-de-bico, a cenoura, a vagem, o aspargo e a batata em água com um fio de azeite e uma pitada de sal, até ficarem al dente.

4. Afervente a couve rapidamente, também em água temperada com azeite e sal.

5. Coloque o bacalhau em pratos, guarnecido com o grão-de-bico, as cenouras, as vagens, as batatas, os aspargos, se for usar, a couve e os ovos duros, previamente descascados. Regue tudo com bastante azeite e sirva.

Retrato de D. Carlos I por Gaspard-Félix Tournachon, conhecido como Nadar, 1886

WIKIMEDIA COMMONS/NADAR, 1886

D. CARLOS I E O BACALHAU SEM PARAR

Loucos por bacalhau, os portugueses dividem as receitas com esse peixe salgado e desidratado em clássicas e inovadoras, em entradas e acompanhamentos, em preparações feitas no forno, no fogão e no micro-ondas, com grãos ou massas. Entre as clássicas, sobressaem-se os bacalhaus a Brás, de Consoada, Espiritual, à Gomes de Sá, à Lagareiro, à Zé do Pipo, entre outros.

Uma receita de menção obrigatória é também a do Bacalhau Nunca Chega. A tradição afirma ter sido criada para D. Carlos I, Rei de Portugal e Algarves, nascido em 1863, no Palácio Nacional da Ajuda, em Lisboa e governante de 1889 até o seu assassinato por dois republicanos ensandecidos, em 1.º de fevereiro de 1908. Tem preparo relativamente simples. Demolha-se o peixe seco e salgado, cozinha-se rapidamente em leite ou água, escorre-se, desfia-se em tiras e doura-se no azeite, com cebola, presunto e salsinha; a seguir, incorpora-se ovos batidos à mão e pimenta-do-reino moída; no final, acrescenta-se batata-palha.

Segundo o escritor, militar e diplomata francês Jean Pailler, no livro *D. Carlos I, Rei de Portugal* (Bertrand Editora, Lisboa, 2002), o soberano assassinado foi provavelmente o mais culto dos monarcas lusitanos. Adorava as artes, pintava divinamente, sobretudo aquarelas, que lhe deram prêmios internacionais; aprofundou-se em oceanografia e biologia marítima; estudou as aves lusitanas, sobre as quais publicou um belíssimo catálogo ilustrado.

Era ainda notável desportista, jogava tênis, golfe e se interessava pelos esportes náuticos; estimulou a difusão do futebol em Portugal, assistindo jogos e promovendo a primeira disputa Lisboa-Porto. Fez tudo isso aproveitando a vida, cortejando mulheres bonitas e levando a sério os deveres governamentais em tempos difíceis para sua coroa. Adorava caçar e tinha pontaria certeira. No momento do atentado, porém, seus assassinos não lhe deram tempo para sacar o revólver Smith & Wesson calibre 32 que levava no bolso do capote.

D. CARLOS I E O BACALHAU SEM PARAR

O povo lusitano conta que um dia ele apareceu inesperadamente em uma de suas sete quintas, após uma caçada pouco satisfatória, e pediu algo para comer. A cozinheira se desesperou, pois a despensa estava praticamente vazia. Recuperando a calma, conseguiu juntar um pouco de bacalhau e de presunto, além de cebolas, ovos e batatas.

Então, improvisou para o rei um prato que combinava aqueles escassos mantimentos com salsinha, pimenta-do-reino e a batata-palha frita na hora. D. Carlos I. gostou tanto da comida que a repetiu sem parar. Assim surgiu o Bacalhau Nunca Chega. Entretanto, uma versão divergente, pouco aceita, sustenta que a receita já existia e a cozinheira apenas a seguiu. Quanto ao nome do prato, ninguém duvida: foi dado por não haver nada que chegasse para o apetite do rei.

Os assassinos atacaram D. Carlos I quando ele atravessava de carruagem o Terreiro do Paço, junto ao rio Tejo, em Lisboa. Estava acompanhado da mulher, a rainha D. Amélia de Orleães, filha do Conde de Paris, e dos dois filhos do casal, o príncipe herdeiro D. Luís Filipe e o infante D. Manuel. A família real acabava de chegar de vapor, procedente do Palácio de Vila Viçosa, perto de Borba, no Alentejo, um dos seus recantos favoritos.

Os cavalos que puxavam a carruagem mal começaram a trotar quando um homem barbudo encostou o joelho no chão e puxou o gatilho de uma carabina Winchester. O primeiro tiro acertou o pescoço de D. Carlos I, matando-o imediatamente. O segundo atravessou seu ombro esquerdo e o impacto fez com que tombasse sobre a rainha D. Amélia. Outro homem, com bigode de pontas reviradas, sacou uma pistola Browning FN 1900, calibre 7,65, subiu no estribo da carruagem e disparou mais duas vezes no corpo sem vida do soberano.

Completamente descontrolada, D. Amélia batia na cabeça do homem de bigode de pontas reviradas com um impotente ramalhete de flores. Mas o assassino ainda conseguiu executar o príncipe herdeiro D. Luís Filipe. Na sequência, feriu no braço o infante D. Manuel. Os dois fanáticos queriam eliminar a família real e proclamar a República. Jamais se descobriu se agiram sozinhos ou se tinham cúmplices, porque a polícia abateu a dupla ali mesmo.

O barbudo da carabina era Manuel Buíça, um professor de ensino livre; o de bigode revirado com a pistola se chamava Alfredo da Costa e trabalhava no comércio. Alguém tentou comparar o regicídio (assim falam os portugueses) com a execução de Luís XVI, em 1793, na Praça da Concórdia, de Paris. Antes de guilhotinar o rei, porém, a Revolução Francesa (1789–1795) teve o cuidado de patrocinar um processo fantoche.

D. Carlos I foi sucedido pelo filho sobrevivente, D. Manuel II, chamado de "o Desaventurado", que se casou e não teve descendência. Último soberano de Portugal e Algarves, reinou do assassinato do pai, em 1908, até ser deposto em 1910, com a proclamação da República. D. Manuel II morreu exilado em Londres. O mesmo aconteceu com sua mãe, D. Amélia, mas na França.

D. Carlos I era filho de D. Luís I (portanto, bisneto de D. Pedro I do Brasil) e da princesa piemontesa D. Maria Pia de Saboia, cujo pai Vittorio Emanuele II se tornou o primeiro rei da Itália reunificada. Revelou-se bom de garfo desde criança. A mãe afetuosa, mulher elegante e refinada, cuidou pessoalmente da educação de D. Carlos I, inclusive à mesa. Ele sabia comer bem: adorava bacalhau, sardinha grelhada, canja de galinha, frango assado e azeitonas; e apreciava bons vinhos.

O casamento dos seus pais, D. Maria Pia e D. Luís I, começou como um conto de fadas. A ex-princesa italiana, apesar do temperamento forte, ficou conhecida em Portugal como "O Anjo da Caridade" e "A Mãe dos Pobres", pelo empenho nas causas sociais. Geralmente não se envolvia nos assuntos políticos. D. Luís I, pai de D. Carlos I, era homem de sensibilidade artística. Compunha e tocava violoncelo e piano, fazia traduções de Shakespeare e falava corretamente línguas europeias.

Infelizmente, os dois filhos de D. Maria Pia com D. Luís I tiveram um final de vida triste. Sobre D. Carlos I já sabemos bastante. Quanto ao seu único irmão, D. Afonso, Duque do Porto, foi na juventude e idade adulta um *bon vivant*. Era fanático por automóveis e velocidade. Corria pelas ruas de Lisboa e assustava os pedestres. Conta-se que, por isso, gritava ao volante sem parar: "arreda, arreda!" ("afasta, afasta!"), para que as pessoas saíssem da frente. Daí recebeu o apelido de "Arreda".

D. Afonso casou-se aos 52 anos com a norte-americana Nevada Stoody Hayes. Tratava-se de uma mulher divorciada quatro vezes, experiente caçadora de homens ricos ou famosos. A família real lusitana se opôs à união com D. Afonso e o Duque do Porto se afastou dos parentes. Faleceu em Nápoles, na Itália, abandonado pela mulher, deitado numa cama que tinha folhas de jornal no lugar de lençóis.

Já a rainha-mãe, D. Maria Pia, padeceu sucessivos revezes. Sobreviveu corajosa ao assassinato do filho D. Carlos I e do neto D. Luís Filipe, mas não suportou por muito tempo a dor. Morreu exilada no seu Piemonte natal, mentalmente desequilibrada. Nos últimos anos, regava as flores de mentira dos tapetes do palácio. Mesmo assim, antes de fechar os olhos para sempre, pediu que virassem seu leito na direção de Portugal, país onde viveu durante 48 anos. Os contos de fada também podem ter final triste.

D. Afonso (ao volante), o "Arreda", em uma de suas corridas pelas ruas de Lisboa. Retrato de Charles Chusseau--Flaviens, por volta de 1905

WIKIMEDIA COMMONS/CHARLES CHUSSEAU-FLAVIENS/GEORGE EASTMAN MUSEUM

BACALHAU NUNCA CHEGA

RENDE 6 PORÇÕES

INGREDIENTES

- 4 postas de cerca de 200 g de bacalhau português
- Cerca de 700 ml de leite
- 4 colheres (sopa) de azeite de oliva
- 2 cebolas cortadas em tiras finas
- 80 g de presunto cru cortado em tiras finas
- Salsinha picada a gosto
- 9 ovos batidos à mão
- 5 xícaras (chá) de batata-palha
- Sal e pimenta-do-reino moída na hora

PREPARO

1. Demolhe o bacalhau em água abundante, na geladeira, por cerca de 48 horas, trocando a água a cada 6 horas.

2. Escorra o bacalhau, cozinhe-o rapidamente no leite, até levantar fervura escorra-o e passe-o em água gelada, para ganhar textura.

3. Retire as peles, as espinhas e desfie o bacalhau em tiras finas.

4. Em uma frigideira grande, doure o bacalhau no azeite previamente aquecido, junto com a cebola, o presunto e a salsinha, mexendo sempre.

5. Adicione os ovos crus aos poucos. Tempere com pimenta e, sem parar de mexer, deixe em fogo baixo até a mistura ficar homogênea e os ovos terminarem de cozinhar.

6. Desligue o fogo e, imediatamente, misture a batata-palha. Corrija o sal, se necessário, e sirva em seguida, polvilhando com um pouco mais de salsinha.

Madre Paula retratada como Virgem Maria em pintura da Escola Portuguesa do século XVIII

WIKIMEDIA COMMONS/ESCOLA PORTUGUESA DO SÉC. XVIII/PALÁCIO DO CORREIO VELHO

BACALHAU À MADRE PAULA

Há uma receita portuguesa de bacalhau cuja irreverência não esta no nome, mas na inspiração. É a que homenageia a soror (tratamento dado na época às freiras) Paula Teresa da Silva (1701–1768), mais conhecida por Madre Paula, pois alcançou essa dignidade. Ainda adolescente, foi despachada pelo pai ao Mosteiro de Odivelas, a 15 quilômetros de Lisboa, controlado pela Ordem das Bernardas de Cister. Ali, tornou-se a mais famosa das amantes do mulherengo D. João V (1689–1750), o rei de Portugal cujas aventuras amorosas são conhecidas dos historiadores. O soberano era avô de D. João VI e bisavô de D. Pedro I, futuro imperador do Brasil.

Referimo-nos ao Bacalhau à Madre Paula. A receita, porém, não parece ter surgido na época em que a religiosa viveu, mas posteriormente. “Talvez seja uma homenagem à Madre Paula quando começou a moda das receitas conventuais sobre as quais muito se continua a inventar”, conclui o escritor gastronômico transmontano Virgílio Nogueiro Gomes autor do *Dicionário Prático da Cozinha Portuguesa* (Mercador Editora, Barcarena, Portugal, 2015). “Um motivo para essa suspeita é o fato de levar batata, ingrediente originário da América que ainda não era de uso corrente em Portugal”.

Madre Paula ingressou no Mosteiro de Odivelas junto com duas irmãs, nenhuma com vocação religiosa. O motivo seria o mesmo que internou outras moças de então, em diferentes instituições católicas. Os pais se livravam das filhas namoradeiras, cujo assanhamento não conseguiam controlar; ou, então, que haviam dado “um mau passo na vida”, como se dizia. No caso de Madre Paula, pesou o fato de seu pai não dispor de recursos para dar-lhe uma boa educação, nem oferecer dote para o casamento.

Fundado em 1925 pelo rei D. Dinis como pagamento de uma promessa, o Mosteiro de Odivelas deixara de ser modelo de virtudes apesar de sua tradição. Povoado por moças de comportamento incorrigível, virara um local de desregramento moral. Ali, e em outras comunidades religiosas de Portugal, as superioras tentavam controlar as moças, mas esbarravam na resistência dos frequentadores masculinos do lugar – nobres, aristocratas, poetas e músicos –, que estimulavam em causa própria a licenciosidade. Na Biblioteca Nacional de Portugal, em Lisboa, há uma relação de 20 freiras condenadas por "delitos amorosos" na primeira metade do século XVIII.

Os homens apareciam no Mosteiro de Odivelas a pretexto de assistir os festejos, sobretudo os animados outeiros, reuniões culturais em que versejadores glosavam para a plateia os motes dados pelas freiras. "Então, os vates desferiam rajadas poéticas, enxameando os mosteiros de paixões", escreveu César Príncipe, no livro *Ementas do Paraíso* (Campo das Letras, Porto, 2005). "As rimas dos galãs eram pagas com vinhos & licores, doces & olhares concupiscentes. Amiúde as irmãs se deixavam enlear, perdendo a compostura, entregando-se a desvarios pelas muitas penumbras conventuais".

D. João V esteve em Odivelas na festa do Desagravo do Santíssimo Sacramento, realizada a 11 de maio de 1718, e na tourada comemorativa ao casamento de um nobre, a 23 de outubro. Em uma dessas ocasiões conheceu Madre Paula, de quem não foi o primeiro amante. Desde que fez os votos de noviça, ela mantinha um relacionamento com D. Francisco de Paula de Portugal e Castro (1679–1749), 8.° Conde de Vimioso.

Apaixonado pela jovem religiosa, o soberano absolutista, que governou Portugal por 44 anos em um dos períodos mais ricos do país, graças ao ouro e às pedras preciosas despachadas do Brasil, precisou se entender com o rival. "Reza a tradição, mais lendária que histórica, que o rei [...] enamorado de Paula Silva à primeira vista [...] teria dito ao conde de Vimioso que lhe dava duas freiras à escolha se ele deixasse o objeto do seu desejo", contam Paula Lourenço, Ana Cristina Pereira e Joana Troni, no livro *Amantes dos Reis de Portugal* (A Esfera dos Livros, Lisboa, 2008). D. José, filho da freira e do rei, nasceu em 1720 e se deu bem na vida. Exerceu o poderoso cargo de Inquisidor-Mor do Reino.

A licenciosidade rendia às noviças e freiras valiosas tenças (pensões), bens e privilégios. Tanto que Madre Paula se tornou uma mulher riquíssima. As várias tenças recebidas por ordem de D. João V totalizaram um rendimento anual de 1.708 mil réis, uma fortuna na época. Toda a sua família se beneficiou da generosidade do rei. O pai de Madre Paula virou cavaleiro professo da Ordem do Cristo, altíssima honraria.

Para os encontros com a amada, o rei mandou construir uma luxuosa casa perto do convento, a Torre da Madre Paula, demolida em 1948 devido ao perigo de desabamento. Os tetos eram em talha dourada, as portas e o chão em madeira do

Brasil, os vidros vieram da Boêmia, as paredes ostentavam azulejos policromados com lindas figuras e paisagens, as cortinas tinham bordados de ouro, as camas em dossel eram rodeadas por veludos vermelhos. Havia também uma banheira de prata maciça "dourada por dentro e por fora". Madre Paula passou a morar na casa com as duas irmãs freiras, servidas por nove criadas.

Odivelas também se destacava pela arte culinária, especialmente pela doçaria, como tantos mosteiros femininos lusitanos. Noviças e freiras preparavam fatias de amêndoa, filhoses, ovos moles, manjar branco, pão de ló, pastéis de nata, papos de anjo, pêssegos em calda, queijadas, sequilhos, toucinho do céu, tigelada de queijo, entre outras guloseimas. Os pratos salgados eram, por exemplo, coelho real, lebre assada e peru corado.

Essas delícias foram publicadas no *Livro de Receitas da Última Freira de Odivelas* (Editorial Verbo, Lisboa, 1999), organizado por Maria Isabel de Vasconcelos Cabral. A religiosa a que se refere era Carolina Augusta de Castro e Silva, que faleceu em 1909, deixando um importante caderno de cozinha. Depurados os escândalos do passado, o Mosteiro de Odivelas voltou a ser uma trincheira da espiritualidade católica.

Como D. João V também revelava grande apetite à mesa, Madre Paula recebia o amante com doces, entre os quais os "quadrados de pudim", de sua autoria. Tratavam-se de quadradinhos de marmelada branca (a cor depende do tempo de cozedura), que tinham consistência delicada, porém pastosa. Hoje, o doce virou atração turística de Odivelas.

Os forasteiros aparecem para saboreá-lo – há diferentes fabricantes – e visitar o histórico mosteiro, cujo estilo combina os elementos góticos da edificação original com características manuelinas, barrocas e neoclássicas. A marmelada branca foi registrada pelo município como marca coletiva, e uma festa para promovê-la é organizada anualmente.

Turbinado por sexo e poder, o relacionamento entre Madre Paula e D. João V serviu de tema para uma série dramático-histórica, com treze episódios, exibida em 2017 pela RTP1, o principal canal de televisão de Portugal. Foi adaptada do livro da jornalista lisboeta Patrícia Müller, intitulado *Madre Paula. Mulher de Deus. Amante do Rei* (Edições Asa, Vila Nova de Gaia, 2014).

Referimo-nos ao Bacalhau à Madre Paula. A receita, porém, não parece ter surgido na época em que a religiosa viveu, mas posteriormente. "Talvez seja uma homenagem à Madre Paula quando começou a moda das receitas conventuais sobre as quais muito se continua a inventar", conclui o escritor gastronômico transmontano Virgílio Nogueiro Gomes. "Um motivo para essa suspeita é o fato de levar batata, ingrediente originário da América que ainda não era de uso corrente em Portugal".

Uma das representações mais conhecidas de Madre Paula se encontra no quadro "Madre Deus", pintado pela Escola Portuguesa, do século XVIII. Coloca-a no lugar da Virgem Maria; D. João V, ao lado dela, representa São José; o filho de ambos D. José, deitado no leito, é o Menino Jesus, que dorme no meio de dois anjos. Pertence ao acervo do Palácio do Correio Velho, de Lisboa. Se o trio foi aceito no céu é uma questão que não nos compete tratar.

BACALHAU À MADRE PAULA

RENDE 6 PORÇÕES

INGREDIENTES

- 6 postas altas de bacalhau (prefira o lombo)
- 1 kg de batata com casca
- 200 ml de azeite de oliva
- 2 cebolas grandes picadas
- 2 colheres (chá) de colorau
- 7 dentes de alho picados
- Salsinha picada a gosto
- Sal e pimenta-do-reino moída na hora

DECORAÇÃO

- Tomate fatiado (opcional)
- Folhas de salsinha
- Pimenta-do-reino moída grosseiramente

PREPARO

1. Lave e demolhe o bacalhau em água abundante, na geladeira, por 36 a 48 horas, trocando a água a cada 6 horas. Retire o bacalhau da demolha, descartando as espinhas.

2. Cozinhe as batatas com casca. Depois de cozidas, descasque-as e corte em rodelas. Reserve.

3. Asse as postas de bacalhau em uma grelha. Na metade do cozimento, mergulhe-as em água fria, sacuda as postas delicadamente para escorrer a água, leve-as novamente à grelha e asse dos dois lados. Depois de prontas, separe-as em fatias grandes e monte-as em uma travessa, ou nos pratos, intercalando com as batatas.

4. Em uma panela, refogue a cebola no azeite, sem deixar dourar. Junte o colorau, o alho, a salsinha, a pimenta e o sal, se necessário.

5. Deixe ferver por alguns minutos e coloque esse preparado sobre o bacalhau.

6. Decore com algumas rodelas de tomate, polvilhe com a pimenta e sirva.

WIKIMEDIA COMMONS/FRANCISCO GOYA/*TVUELOS DE BRUJAS*, MUSEU DO PRADO, 1798

Vuelos de Brujas **de Francisco Goya, Museu do Prado, 1798**

BACALHAU À BRUXA DE VALPAÇOS

As bruxas já nos deixaram de cabelo em pé séculos atrás. Assustavam-nos com seus rostos enrugados, repletos de verrugas, os dentes podres e a corcunda desfiguradora. Soltavam gargalhadas debochadas e montavam em uma vassoura voadora ou a colocavam entre as pernas e davam saltinhos no chão. Associávamos as bruxas com o demônio e lhes atribuíamos a prática da magia negra e da feitiçaria. Obviamente, tais situações derivavam do imaginário popular, que as repassava à literatura e à arte. Mas as bruxas não são mais as mesmas.

O pavor que tínhamos delas foi suavizado. Basta citar a difusão recente da festa do Halloween, realizada a 31 de outubro, sobretudo nos países anglófonos, na qual as crianças brincam de feiticeiras. Há também o sucesso, no limiar deste século, da série de romances de fantasia da britânica J. K. Rowling, narrando as aventuras do jovem Harry Tiago Potter: o garoto descobre aos 11 anos que é um bruxo. E quem não lembra do filme *Malévola*, com Angelina Jolie, de 2014, inspirado no conto da *Bela Adormecida*? A personagem central deixa de ser uma bruxa vingativa e amarga, que amaldiçoa a filha recém-nascida, para desenvolver sentimentos de amor em relação à jovem.

O período histórico de maior revoada das bruxas ocorreu entre os séculos XII e XIX. Foi durante a Santa Inquisição – o tribunal criado pela Igreja Católica na Idade Média para exorcizar de qualquer jeito os contestadores dos seus preceitos –, quando elas foram torturadas ou queimadas na fogueira. Em 1326, o papa João XXII autorizou persegui-las sob a acusação de heresia, ou seja, de que agiam para subverter a religião e destruir o reino de Deus. Inocêncio VIII, outro pontífice, abominou a existência da bruxaria em 1484, na bula *Summis Desiderantes Affectibus*.

BACALHAU À BRUXA DE VALPAÇOS

As bruxas não são mais as mesmas por várias razões. Primeiro, pelo fato de não mais acreditarmos em seus poderes maléficos e aprendermos a ser tolerantes com elas, devido à aceitação do sincretismo religioso e ao revigoramento do paganismo. Depois, porque temos problemas demais no mundo, infinitamente piores. Hoje, as bruxas até batizam comida. É o que acontece com o lusitaníssimo Bacalhau à Bruxa de Valpaços. A receita com esse nome foi criada por uma mulher simples e pobre chamada Maria de Jesus Mourão.

Ela viveu entre os séculos XIX e XX, "tendo falecido depois de 1910", segundo seus conterrâneos de Valpaços, cidade portuguesa do Distrito de Vila Real, da Região Norte, na sub-região do Alto Trás-os-Montes. Segundo as mesmas fontes, Maria Mourão "enfrentou problemas com a República". Como a Monarquia portuguesa foi deposta em outubro de 1910, obviamente morreu a seguir. Portanto, tratava-se de uma bruxa tardia.

O escritor gastronômico Virgílio Nogueiro Gomes, transmontano como ela, acredita que se tratava de "uma mulher sem limites, que expunha livremente as suas opiniões". Teria sido perseguida pela República porque os poderes da Santa Inquisição haviam enfraquecido e perdido a força repressiva. Sabe-se pouca coisa a mais. Sobra apenas a certeza de que Maria Mourão foi bruxa e sofria de problemas mentais, "a ponto de precisar ser internada à força".

Ao mesmo tempo, revelava-se grande cozinheira. Mas é impossível saber se dispunha do caldeirão de ferro fundido, com três pés, tradicionalmente usado pelas suas colegas de ofício no preparo de comidas misteriosas e beberagens alucinantes; e inclusive se dispunha de uma simples vassoura; ou mesmo se era realmente feia.

***Auto de fe de la Inquisición* de Francisco Goya, Real Academia de Bellas Artes de San Fernando, Madri, 1812-1819**

WIKIMEDIA COMMONS/FRANCISCO GOYA, REAL ACADEMIA DE BELLAS ARTES DE SAN FERNANDO

BACALHAU À BRUXA DE VALPAÇOS

A biblioteca de Valpaços conserva o diário manuscrito no qual Maria Mourão escreveu a receita do seu bacalhau. Isso comprovaria definitivamente a sua existência.

Monta-se o Bacalhau à Bruxa de Valpaços em camadas, com cebola, batata, toucinho e temperos; rega-se com azeite, leva-se ao fogo em panela de barro. A receita, porém, só foi conhecida pelos portugueses em geral por meio do livro *As 100 Maneiras de Cozinhar Bacalhau e Outros Peixes*, de Francisco Guedes, lançado em 2001 pela Publicações Dom Quixote, de Lisboa. Maria Mourão deixou outra invenção culinária: o Coelho à Bruxa de Valpaços. Também é cozido em camadas, em fogo brando, com a panela tampada, intercalado por batatas, toucinho, cravo, alho, sal e pimenta; e regado com azeite, caldo de carne e vinagre.

Maria Mourão passou obviamente por maus momentos. A bruxaria constitui uma antiga fé pagã que sobreviveu à fundação do cristianismo. Os portugueses, católicos históricos, não a suportavam. Na sua tradição religiosa e de quase todas as culturas, quem pratica a bruxaria é quase sempre uma mulher e desfruta da péssima reputação de agente do mal.

Nos Estados Unidos e Europa Central, as bruxas modernas se opõem deliberadamente à magia negra, ou seja, assumem a incapacidade de fazer mal e celebram os seus ritos em cerimônias secretas e públicas. No Reino Unido, o ocultista e antropólogo Gerald Gardner revitalizou e divulgou a religião da neofeitiçaria pagã. Chama-se *wicca* e recebeu infuência das crenças pré-cristãs e práticas da magia ocidental. Portanto, entende-se a atualidade do Bacalhau à Bruxa de Valpaços – se é que uma receita tão boa precisa ser moderna.

Capela da Senhora da Saúde, Valpaços

WIKIMEDIA COMMONS/MANUEL BARREIRA

BACALHAU À BRUXA DE VALPAÇOS

RENDE CERCA DE 6 PORÇÕES

INGREDIENTES

- 1 kg de bacalhau
- 6 cebolas grandes em finas rodelas
- 600 g de batatas em rodelas
- 80 g de toucinho em pequenos cubos
- 3 dentes de alho em finas lâminas
- 3 colheres (sopa) de vinagre
- 3 colheres (sopa) de salsinha picada
- 3 colheres (sopa) de farinha de trigo para polvilhar
- 100 ml de azeite de oliva (aproximadamente) para regar
- Sal e pimenta-do-reino moída na hora a gosto

ACOMPANHAMENTO

- Couve cortada em finas tiras e refogada com um fio de azeite de oliva

DECORAÇÃO

- Talos de ciboulette
- Açafrão em pó para polvilhar

PREPARO

1. Coloque o bacalhau de molho em água, na geladeira, por cerca de 48 horas, trocando a água a cada 6 horas.

2. Escorra o bacalhau, tire fora a pele, as espinhas e desfie-o em lascas.

3. No fundo de uma panela grande, de preferência de barro, faça uma primeira camada, colocando um terço das cebolas, depois um terço do bacalhau, um terço das batatas, do toucinho, do alho, do vinagre, da salsinha, do sal e da pimenta, terminando a camada com um terço da farinha de trigo.

4. Repita essa montagem por três vezes e finalize regando tudo com o azeite de oliva.

5. Tampe a panela e leve ao fogo brando, por cerca de 30 minutos, regando seguidamente com o próprio molho do cozimento.

6. Se preferir, monte as camadas em porções individuais.

7. Acompanhe o bacalhau com a couve e decore com a ciboulette e o açafrão.

O Bacalhau à Lagareiro seria originário das Beiras, região central de Portugal, onde se encontra a cidade de Coimbra

BACALHAU À LAGAREIRO

Todo bom restaurante de cozinha portuguesa no mundo tem este prato no cardápio. Faz sucesso entre a clientela, sobretudo quando as postas são altas e procedem do melhor bacalhau. A fórmula básica, além do ingrediente triunfal, manda incorporar alho, batata com casca ao murro, ou seja, amassada com o punho, e servir nadando no azeite. Entretanto, a receita pode variar. Alguns restaurantes acrescentam cebola, brócolis e azeitona.

Os ingredientes vão juntos ao forno a 180 °C, durante 30 a 40 minutos. Antigamente, o bacalhau era assado na brasa e saboreado em cima do pão – e só mais tarde se incorporou a batata. E dê-lhe que te dê-lhe o sumo da azeitona, com o qual ainda hoje o regam voluptuosamente. Alguns aquecem o azeite com alho laminado. Fica uma delícia!

O Bacalhau à Lagareiro seria originário das Beiras, a belíssima região central de Portugal, onde se encontram as cidades de Aveiro, Belmonte, Coimbra, Figueira da Foz e Viseu, além do Palace Hotel do Bussaco, da Serra da Estrela e dos pântanos salgados da ria (canal de água) do Aveiro, que se estende paralelamente ao Oceano Atlântico. Muitos localizam sua criação na Beira Alta, precisamente nas imediações de Viseu.

Ali, o dono de um lagar – o local onde as azeitonas são pisadas para separar a parte líquida da massa – teria criado o prato para o próprio prazer. Ou, então, a receita foi inventada pelos seus empregados, para se alimentarem nas interrupções do trabalho. Eles dispunham de um pequeno fogareiro, utilizado para estabilizar a temperatura do ambiente na época de frio e preparar a comida.

Essa é uma versão lógica, mas que não desfruta de unanimidade. Trás-os-Montes e Alto Douro, províncias no norte do país, também reivindicam a paternidade do Bacalhau à Lagareiro; e Maria de Lourdes Modesto, ilustríssima primeira dama da culinária e da literatura gastronômica lusitana, na obra-prima *Cozinha Tradicional Portuguesa* (Editora Verbo, Lisboa/São Paulo, 1989), situa o nascimento do prato no Entre Douro e Minho, também no norte do país.

Sucede que o clima úmido do Minho é considerado inadequado à produção de azeite. A oliveira aceita quase todos os tipos de solos, incluindo os pobres, desde que estejam bem drenados. A não ser que seja procedente a desconfiança de João Vasconcelos Costa, autor de *O Gosto de Bem Comer* (Editora Caminho, Lisboa, 2005): o lagareiro a que se refere a receita não seria o produtor de azeite.

Talvez se dedicasse na verdade à elaboração do vinho. Afinal, o local onde se pisa a uva para a produção da mais antiga das bebidas – obviamente se aceitarmos o pioneirismo bíblico de Noé – também é chamado de lagar. Por sinal, o Minho desfruta de vasta fama como produtor do leve e fresco Vinho Verde, único no mundo. Ainda pesaria a seu favor o fato de ali terem sido inventados comprovadamente alguns bacalhaus antológicos: à Gomes Sá e à Zé do Pipo, por exemplo.

Para ser lagareiro, o prato deve ter como necessário coadjuvante a batata ao murro, além do alho e do mar de azeite. O mesmo acontece com a receita homônima de polvo, surgida mais recentemente. Existe também uma versão chamada de Bacalhau à Lagareira, com a palavra no feminino, mas é diferente.

No *Dicionário Prático da Cozinha Portuguesa* (Marcador Editora, Barcarena/Oeiras, 2015), Virgílio Nogueiro Gomes, explica o preparo do Lagareira: "O bacalhau é cortado aos quadrados, molha-se em leite e tempera-se com alho às rodelas, sal, pimenta e sumo de limão. Depois de escorrido, passa-se por ovo e pão ralado e coloca-se numa frigideira de barro. [...] Vai assar ao forno e acompanha com batata cozida".

A saborosa batata, planta da família das solanáceas, cujos tubérculos carnudos os portugueses apreciam bastante, elaborando-os de variadas maneiras, harmoniza-se divinamente com o Bacalhau à Lagareiro. Ela recebe um murro, mas pouco exagerado, pois não pode ser esmagada. Deve apenas abrir e achatar levemente. Na cavidade formada, coloca-se sal e opcionalmente algum tempero aromático, como tomilho.

Os espanhóis descobriram o tubérculo comestível na América, no século XVI. É originário da Cordilheira dos Andes, em região próxima ao Lago Titicaca, na fronteira entre o Peru e a Bolívia. Entretanto, em Portugal apareceu tardiamente, talvez em 1760. A primeira portaria de incentivo ao seu cultivo data de 1798, no governo de D. Maria I – e assim mesmo foi referente ao Arquipélago dos Açores.

"Hoje, é inimaginável cozinhar o bacalhau sem a batata", diz Virgílio Gomes. "Trata-se de coadjuvante fundamental de muitos pratos. Refiro-me particularmente ao Bacalhau à Lagareiro, ao à Gomes de Sá, ao à Brás ou simplesmente aos bolinhos ou pastéis de bacalhau. Isso só para citar alguns. O bacalhau parece nunca ter existido sem a batata, dada a perfeita ligação que os une".

BACALHAU À LAGAREIRO

RENDE 4 PORÇÕES

INGREDIENTES

- 4 postas de 200g de lombo de bacalhau
- 4 dentes de alho em lâminas
- 8 cebolas em rodelas
- 8 batatas médias com casca
- Azeite de oliva, para regar
- Sal grosso, para salpicar

ACOMPANHAMENTO

- 4 tomates sem pele e sem sementes, cozidos no vapor
- Brócolis a gosto, cozido no vapor
- Azeitonas pretas, a gosto

PREPARO

1. Demolhe o bacalhau em água abundante, na geladeira, por cerca de 48 horas, trocando a água a cada 6 horas.

2. Escorra o bacalhau e disponha-o em uma travessa refratária. Junte as lâminas de alho, as rodelas de cebola e regue com bastante azeite.

3. Lave bem as batatas com casca e coloque-as em uma segunda travessa refratária. Salpique-as com sal grosso e regue com um fio de azeite.

4. Leve as duas travessas ao forno preaquecido a 180°C, por 30 a 40 minutos, regando o bacalhau com o próprio azeite da travessa. Se necessário, salpique um pouco de sal.

5. Quando as batatas estiverem assadas, amasse-as ligeiramente com o punho, usando um pano, até a casca estalar.

6. Coloque as batatas na travessa do bacalhau e sirva imediatamente, com os tomates, brócolis e azeitonas.

Campinos, cavaleiros camponeses do Ribatejo, são criadores de gado e vestem um traje típico como os gaúchos do Brasil

SOPA DE BACALHAU

Faça frio ou calor, toda refeição em Portugal tem uma sopa como entrada. O país inteiro aprecia a preparação. Só no *Dicionário Prático da Cozinha Portuguesa* (Mercador Editora, Barcarena/Oeiras, Portugal, 2015), do escritor gastronômico transmontano Virgílio Nogueiro Gomes, há três dezenas de verbetes sobre o prato. Referimo-nos às salgadas, pois também existem as doces, que são na verdade sobremesas.

Por definição, "sopa" consiste em uma comida líquida ou pastosa à base de carne, grão, legume, verdura, massa, farinha ou fécula. Mas os portugueses são fundamentalistas. Domingos Rodrigues, no livro *Arte de Cozinha*, editado em Lisboa no ano de 1680, primeiro manual do gênero redigido e publicado no seu país, faz uma distinção. Considera sopa a receita que leva pão, acrescentado durante o cozimento ou no final. O caldo prescinde desse ingrediente.

Lusitanismos à parte, uma das receitas emblemáticas de sopa é a canja. A versão mais difundida sustenta que os portugueses a encontraram na Costa de Malabar, na Índia, onde se localizava a colônia de Goa, dominada por eles entre 1510 e 1961. Chamava-se "kengi" (grafada com "e" e "g", e não "kanji", como escrevem alguns), palavra da língua malaiala, falada na Costa do Malabar. Designava um "caldo quente e salgado", ao qual se podia acrescentar arroz.

Mas a definição que os portugueses deram posteriormente a esse tipo clássico de sopa, qualificando-a de caldo ralo de arroz e uma erva aromática, habitualmente hortelã, e cuja principal variação incorpora carne de galinha, está superada. A canja virou em Portugal um prato polivalente. Agora se troca o arroz pela massa, a galinha por bacalhau ou algum peixe, conquilhas ou cadelinhas e certos moluscos bivalves.

No Brasil, que naturalmente assimilou a canja dos portugueses, trata-se de preparação mais substanciosa. Ao caldo de arroz, acrescenta-se cheiro-verde, louro, alho, cebola, pimenta-do-reino, tomate, rodelas de cenoura, cubos de batata, asa, coxa, miúdos e pescoço de galinha ou frango.

É saboreada tanto por prazer como pelo efeito revigorante, ministrada aos convalescentes de doenças graças às suas supostas propriedades medicinais, e para combater a ressaca. Em muitos lugares do Brasil, sobretudo no Nordeste, é o primeiro alimento dado à mulher que deu à luz. Recebe, por isso, o nome de Sopa de Parida.

Já utilizamos aves selvagens na elaboração da canja e só as dispensamos por consciência ecológica ou porque os fiscais do IBAMA (Instituto Brasileiro do Meio Ambiente e dos Recursos Naturais Renováveis) estão aí para acusar os desobedientes de um crime inafiançável. O Imperador D. Pedro II, por exemplo, saboreou desde criança, em diferentes circunstâncias, as canjas de macuco, jacu e jacutinga, animais atualmente ameaçados de extinção.

O jornalista, poeta, historiador, biógrafo e teatrólogo cearense Raimundo Magalhães Júnior, no livro *Artur Azevedo e Sua Época* (Edição Saraiva, São Paulo, 1953) conta que o querido soberano, defenestrado pelo golpe de Estado republicano que proclamou a República no Brasil, geralmente se entregava a uma canja quente entre o segundo e o terceiro ato dos espetáculos teatrais. A apresentação só recomeçava "ao ser dado o aviso de que Sua Majestade terminara a coiazinha".

A receita da canja de bacalhau lusitana abrilhanta a página 1.966 do best-seller *Cozinha Tradicional Portuguesa* (Editora Verbo, Lisboa/São Paulo, 1989), de Maria de Lourdes Modesto. Combina posta e rabo do peixe salgado e desidratado com duas colheres de sopa de arroz e 300 gramas de batata. Servem-na com um ovo escalfado em cada prato. É receita tradicional da cidade de Marinha Grande, no distrito de Leiria, província da Estremadura. O Alentejo também faz canjas de bacalhau. São todas deliciosas.

Uma das melhores sopas de bacalhau, porém, não é exatamente uma canja, até porque dispensa o arroz ou a massa e usa o tomate e a batata. Surgiu possivelmente no século XIX, entre os campinos de Azambuja, vila no Distrito de Lisboa, na região do Ribatejo, com cerca de 6.300 habitantes. Também os caçadores da região sempre a prepararam colocando malaguetas, que a tornam bastante picante.

Campinos são os cavaleiros camponeses da província do Ribatejo, dedicados à criação de gado, especialmente de touros. Vestem um traje típico, como os gaúchos e os vaqueiros nordestinos do Brasil. Usam um barrete verde com barra vermelha na altura da testa, camisa branca, colete vermelho, calça azul, faixa vermelha na cintura, meias brancas até o joelho, sapatos pretos com esporas e empunham um bastão (pampilho) para a condução dos animais.

Acrescentam à sopa, além do bacalhau, cebola, tomate, batata, alho, pão de trigo caseiro cortado em fatias pequenas, azeite e pimenta. A cantora e atriz

SOPA DE BACALHAU

Amália Rodrigues, merecidamente aclamada como "a voz de Portugal", gravou um fado popular em louvor dos campinos do Ribatejo.

> "Vão um dia a vila franca, é meu conselho, vejam da ponte/ Um pôr do sol tão vermelho ao longe no horizonte/ Porque é esse o seu destino, firme, o campino o gado conduz"

Impossível precisar em que época os portugueses começaram a tomar sopa. Os lusitanos – e falamos agora do conjunto de povos ibéricos pré-romanos de origem indo-europeia que viviam na região oeste da Península Ibérica desde a Idade do Ferro – já deviam apreciá-la. Até porque a sopa seria o mais antigo prato do mundo.

Essa tese é sustentada pelo pesquisador e gastrônomo italiano Rosario Buonassisi, autor do livro *Ricette Mondiali di Zuppe & Minestre* (Arnoldo Mondadori Editore, Milão, 1999). Ele afirma que a sopa surgiu quando o ser humano começou a fabricar utensílios de pedra e a desfibrar, descascar e triturar ingredientes naturais, para misturá-los com água e torná-los mais apetecíveis.

Buonassisi chama aquela preparação elementar de "protossopa", pois era crua e consumida fria, já que nossos ancestrais ainda desconheciam o fogo, que só dominaram entre 3 milhões e 1,5 milhão de anos atrás. Foi quando passaram a cozinhar os alimentos. No receituário moderno, sobrevivem receitas assemelhadas.

Continuam preparadas algumas sopas cruas e frias: o Gazpacho da Andaluzia, na Espanha (tomate, pepino, pimentão, alho, vinagre, azeite, pedaços de pão e água gelada) e a Panzanella da Toscana, na Itália (tomate, pão duro, cebola, aipo, manjericão, vinagre, azeite e sal). Obviamente, a Sopa de Bacalhau dos Campinos só tem graça quente.

A cantora e atriz
Amália Rodrigues,
em show na
Holanda em 1969

WIKIMEDIA COMMONS/ANEFO/DUTCH NATIONAL ARCHIVES, 1969

SOPA DE BACALHAU DOS CAMPINOS

RENDE 4 PORÇÕES

INGREDIENTES

- 600 g de postas de bacalhau
- 2 cebolas grandes em rodelas
- 700 g de tomates maduros, sem pele, cortados em cubos
- 800 g de batata descascada, cortada em rodelas
- 1 dente grande de alho picado
- Sal e pimenta-malagueta
- Água
- 300 g de pão de trigo rústico, cortado em fatias pequenas
- Azeite de oliva, para regar

DECORAÇÃO

- Raminhos de hortelã

PREPARO

1. Lave o bacalhau várias vezes para tirar o máximo do sal. Dessa vez, não será necessário deixá-lo de molho.

2. Em uma panela, coloque as cebolas, os tomates, as batatas, o alho, a pimenta e uma pitada de sal. Misture bem, tampe e cozinhe em fogo brando até as batatas amaciarem ligeiramente.

3. Escorra e junte o bacalhau ao cozido. Regue tudo com água, o suficiente para obter um caldo. Retorne à fervura para cozinhar o bacalhau e ajuste a pimenta e o sal, se necessário.

4. Em um recipiente fundo de barro ou, se preferir, em pratos fundos individuais, distribua as fatias de pão e, por cima, derrame um pouco do caldo ainda fervente do cozimento dos ingredientes.

5. Aguarde até o pão ficar bem embebido pelo caldo. Incorpore, então, os demais ingredientes: cebolas, tomates, batatas e o bacalhau em pedaços.

6. Regue com azeite e leve imediatamente à mesa. Decore com raminhos de hortelã.

Personagem do livro *Sumiço da Santa*, de Jorge Amado, cita a punheta, quitute baiano de mesmo nome do prato português

WIKIMEDIA COMMONS/ARQUIVO NACIONAL, 1972

BACALHAUS IRREVERENTES

Os portugueses ensinaram o mundo a comer bacalhau – e não só o Brasil e países de sua colonização. Quem avalizou isso foi Auguste Escoffier (1846-1935), o chef que revolucionou não apenas a cozinha francesa, mas a própria culinária ocidental. "Devemos aos portugueses o reconhecimento por terem sido os primeiros a introduzir, na alimentação, este peixe precioso, universalmente conhecido e apreciado", reconheceu Auguste Escoffier (1846-1935), o chef que renovou os métodos tradicionais da culinária francesa e abriu o caminho para seu sucesso internacional. Portanto, é compreensível que o povo lusitano disponha hoje da maior coleção de receitas de bacalhau do mundo.

São tantas que os portugueses arredondam o número para "um milhar mais um". Preparam-nas de todos os jeitos, no fogão, no forno ou na brasa. É tamanho o apreço pelo peixe capturado nas águas frias dos mares que circulam o Polo Norte que eles o chamam de "fiel amigo". A expressão afetuosa mostra a importância que lhe dão.

Batizar "um milhar mais um" de receitas não foi problema para os portugueses, embora certos nomes que escolheram sejam bem engraçados. O mais irreverente é uma entrada denominada Punheta de Bacalhau: lascas cruas do peixe salgado e desidratado, demolhadas lentamente, servidas com um molho de azeite, cebola, alho, salsa e, às vezes, vinagre.

A designação "punheta" viria da montagem do prato, já que a receita manda pressionar o peixe com o punho. O escritor gastronômico transmontano Virgílio Nogueiro Gomes, porém, acredita que "a designação foi dada mais pelo gesto de esfarripar o bacalhau, que se assemelha ao do onanismo".

A cozinha de Salvador, na Bahia, também dispõe de uma punheta, nesse caso, porém, sem nenhuma relação com a portuguesa. Trata-se de um bolinho de tapioca e leite de coco. Chama-se punheta ou punhetinha devido aos movimentos feitos com o punho em seu preparo. A punheta soteropolitana pode ser "seca", quando servida pura, ou "molhada", se passada em açúcar e canela.

O quitute baiano também é chamado de bolinho de estudante, nomeação pudica que o escritor baiano Jorge Amado rejeitou. No livro *O Sumiço da Santa* (Companhia das Letras, São Paulo, 2010), Jorge Amado faz um dos personagens rebater: "Como é mesmo, tia Romélia? E tu não sabe, menina? Olha que tu sabe muito bem, o nome é punheta, bolinho de estudante é pronúncia de besta!".

No caso do bacalhau português, há também o Constipado, no qual postas do peixe assam nas brasas e são finalizadas com molho de azeite quente, vinagre e colorau. Acompanham batatas cozidas em rodelas. Seu nome deriva igualmente do processo de preparo: cada vez que as postas viram na grelha, são passadas em água fria, recebendo um choque térmico. Se o golpe fosse dado em um ser humano, provocaria constipação nasal.

Outro nome curioso é o Bacalhau à Cobra. Paradoxalmente, a receita não manda o cozinheiro incorporar o ofídio, porém aconselha o nobre Cod (*Gadus morhua*), considerado "o legítimo", cortado em quadrados, marinado no leite, empanado, frito no azeite e regado com molho de vinho do Porto. Por que cobra? Talvez o autor fosse uma pessoa de má índole ou maus bofes.

Há igualmente o Bacalhau à Nabão, nome mais fácil de entender. Não veio da planta herbácea cultivada por suas raízes comestíveis, nem foi dado por alguém

O Bacalhau à Nabão surgiu no Médio Tejo, região cortada pelo Rio Nabão, que passa na cidade de Tomar

WIKIMEDIA COMMONS/VITOR OLIVEIRA

que estava na naba, ou seja, na pior. Nabão é um afluente do Zêzere, rio que passa na cidade de Tomar, na sub-região do Médio Tejo. A receita surgiu na região. O peixe é cozido, desfiado em lascas e vai à mesa com molho de manteiga, leite, farinha de trigo e gemas.

Sem falar no Bacalhau à Tia Narcisa. Soaria mais estranho se ignorássemos que sua autora não era uma narcisista, ou seja, uma mulher demasiadamente vaidosa, com amor excessivo a si mesma, mas uma simples e talentosa cozinheira, batizada com esse nome antigo. Ela nasceu em Braga, cidade ao norte de Portugal e centro da antiga região do Minho. A receita começa com o bacalhau envolvido em folhas de couve e levado ao fogo para secar. A seguir, recheia-se com tiras de presunto e finaliza-se, ainda no forno, com cebola, alho, tomate e azeite.

Existe ainda o Bacalhau à Zé do Pipo, da década de 1940, apelido de José Valentim, dono de um restaurante tradicional da cidade do Porto e pai da receita. Zé do Pipo ficou conhecido por vencer um concurso chamado "a melhor refeição ao melhor preço". Sua receita leva bacalhau, maionese, purê de batata, cebola, leite, azeite e azeitonas, entre outros ingredientes. Finalmente, gratina-se no forno.

Por que Zé do Pipo? A resposta envolve especulações. Pipo significa pequeno barril, recipiente bojudo de madeira, rolha delgada para tapar o suspiro de uma vasilha ou o orifício por onde se enche de ar um pneu, uma boia etc. Também designa uma variedade de maçã e outra de pera, e o ventre proeminente de uma mulher grávida. Entretanto, pela excelência do bacalhau que criou, Zé do Pipo mereceria um significado dignificante para seu apelido. Qual seria? Pipo é ainda uma pessoa que todo mundo quer ser. "Aquele cara é um pipo de tão gostoso", diz o povo em Portugal.

Em se tratando do "fiel amigo", os portugueses são mesmo engenhosos. O que dizer do Bacalhau à Bruxa de Valpaços? A receita com esse nome foi inventada por uma mulher chamada Maria de Jesus Mourão. Ela morava em Valpaços, pequena cidade do norte de Portugal, cujo município faz divisa com Chaves, Mirandela e Murça. Viveu entre os séculos XIX e XX. Portanto, tratava-se de uma bruxa tardia. Falamos demoradamente do seu bacalhau em um dos capítulos deste livro.

E o Bacalhau Espiritual, que nada tem a ver com o mundo imaterial nem remete à glória do céu? Pica-se o peixe, junto com cebola e cenoura, acrescentando-se molho bechamel; adiciona-se mais bechamel, polvilha-se com queijo ralado e se leva ao forno para gratinar. Por último, há o Bacalhau Nunca Chega, cujo nome não é gratuito. Foi dado por ter sido criado para D. Carlos I, Rei de Portugal e Algarves de 1889 até o seu assassinato por dois republicanos, em 1908. O soberano chegou faminto de uma caçada e, como não tinha avisado e faltavam mantimentos na despensa, a cozinheira improvisou uma receita. Ele gostou tanto do prato que não parava de comê-lo – daí o nunca chega. Também há um capítulo sobre seu bacalhau neste livro. Os portugueses têm cada uma, ora pois!

PUNHETA DE BACALHAU

RENDE 8 PORÇÕES

INGREDIENTES

- ½ kg de bacalhau sem pele e sem espinhas, já dessalgado
- 2 cebolas grandes, brancas ou roxas, cortadas em rodelas
- 1 ou 2 dentes de alho picados
- 1 maço de folhas de salsinha picado
- 1 maço pequeno de cebolinha picado
- 2 colheres (sopa) de vinagre de vinho branco
- 2 folhas de louro
- Azeitonas portuguesas a gosto
- Azeite de oliva, para regar
- Sal a gosto

ACOMPANHAMENTO

- Fatias de broa de milho ligeiramente torradas

PREPARO

1. Escorra bem o bacalhau e desfie-o em tiras. Coloque-o dentro de um pano de prato, torcendo-o, para que perca toda a água.

2. Passe o bacalhau para uma tigela e regue-o com um pouco de azeite.

3. Mergulhe as cebolas e o alho rapidamente em água quente, cuidando para que não cozinhem. Escorra.

4. Acrescente a cebola e o alho ao bacalhau, na tigela. Junte a salsinha, a cebolinha, o vinagre, o louro, as azeitonas e misture bem.

5. Cubra e deixe marinar na geladeira, por no mínimo 12 horas.

6. No dia seguinte, ajuste o sal, se for necessário, regue com um pouco mais de azeite e sirva a Punheta de Bacalhau fria, sobre as fatias de broa de milho.

BACALHAU À ZÉ DO PIPO

RENDE 6 PORÇÕES

INGREDIENTES

PURÊ

- 1 kg de batatas
- 50 g de manteiga
- 1 litro de leite (aproximadamente)
- Sal e pimenta-do-reino moída na hora a gosto

BACALHAU

- 6 postas de bacalhau com cerca de 200 g cada
- 300 ml de azeite de oliva
- 3 dentes de alho picados
- 300 ml de vinho branco
- 6 colheres (sopa) de picles picados
- Farinha de trigo o quanto baste
- Maionese a gosto
- Sal e pimenta-do-reino moída na hora a gosto

DECORAÇÃO

- Azeitonas pretas
- Raminhos de oliveira

PREPARO

PURÊ

1. Descasque e cozinhe as batatas em água com sal.

2. Escorra e reduza a purê. Junte a manteiga e leve ao fogo brando, adicionando o leite quente aos poucos, sem parar de mexer, até obter uma mistura homogênea.

3. Tempere com pimenta e ajuste o sal.

BACALHAU

1. Demolhe o bacalhau em água abundante, na geladeira, por cerca de 48 horas, trocando a água a cada 6 horas.

2. Retire o bacalhau do molho, descartando as espinhas. Lave, seque as postas com um pano de cozinha ou papel-toalha, passe pela farinha de trigo e frite rapidamente no azeite de oliva, sem deixar dourar.

3. Retire e coloque cada uma das postas no centro de frigideiras ou pratos individuais, que possam ir ao forno. Se for necessário, coe o azeite em uma peneira.

4. Junte o alho e o vinho branco ao azeite (da fritura) ainda quente. Misture bem e coloque-o sobre o bacalhau. Em cima, disponha os picles.

FINALIZAÇÃO

1. Distribua a maionese na parte superior, circunde a parte inferior com o purê e leve ao forno médio preaquecido a 180 °C, para gratinar.

2. Retire do forno, decore com as azeitonas, os raminhos de oliveira e sirva imediatamente.